PARIS (VRAIMENT) GRATIS

PARIS (VRAIMENT) GRATIS

Valérie Appert

Paris est à nous !
PARIGRAMME

Tous nos efforts pour vous donner la meilleure information possible n'empêcheront jamais la Terre de tourner et certaines adresses de changer entre le moment où nous mettons sous presse et celui où vous tiendrez ce guide entre vos mains. N'hésitez pas à nous écrire pour nous faire part de vos remarques : parisestanous@parigramme.fr

Collection dirigée par Sandrine Gulbenkian
et Jean-Christophe Napias

Sommaire

Malin, mais pas radin !

La recherche du "gratuit" et du bon plan est devenue un sport national, pratiqué à Paris avec un brio tout particulier. Il est vrai que la vie dans la capitale vaut son pesant d'euros : loyers qui flambent, grandes marques de fringues sur tous les trottoirs, magasins de discount relégués en périphérie, demi à 6 € en happy hour... La "débrouillardise attitude" a donc trouvé le terrain idéal pour se développer, et, aujourd'hui, consommer gratuitement ce que d'autres s'obstinent à payer n'est plus un signe de radinerie mais d'intelligence.

Une bonne nouvelle, la gratuité serait incitative. Depuis que les collections permanentes des musées municipaux sont en libre accès pour tous, elles attirent un flux croissant de visiteurs qui se dirigent ensuite naturellement vers les expositions temporaires, pourtant payantes. En été, les festivals de cinéma en plein air drainent sur les pelouses des Parisiens qui n'auraient jamais pensé s'attarder deux heures devant un film d'Eisenstein...

Mais enchaîner la séance de tai-chi, l'atelier d'informatique et la soirée théâtre pour zéro euro est-il une fin en soi ? Non, plutôt un passe-temps, entre deux soirées lecture qui ne coûtent rien et une balade sur les berges de la Seine, sublime et offerte à tous les marcheurs amoureux de leur ville...

Notez bien et définitivement que tous les plans évoqués dans ce guide sont vraiment gratuits (sauf les consos dans certains bars...). Imaginez tout ce que vous allez économiser en le lisant !

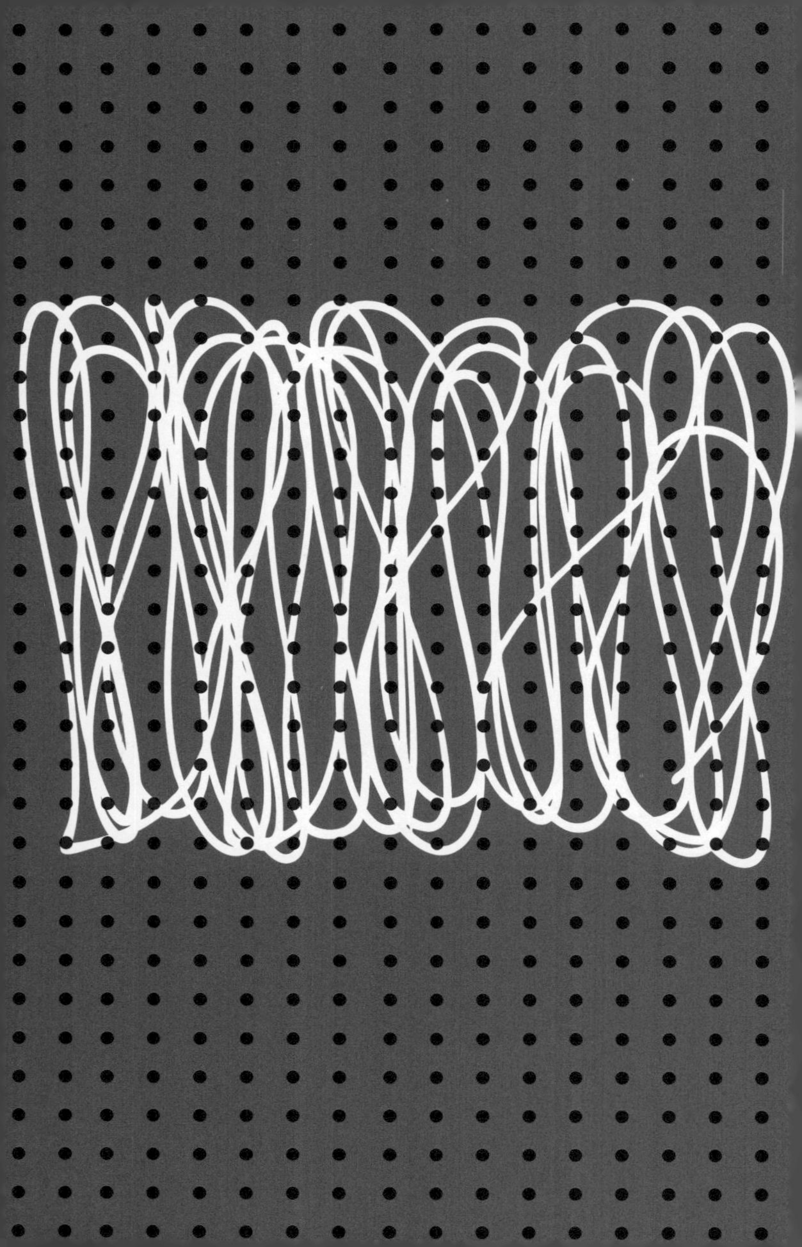

1

DÉCOUVRIR LA VILLE ET L'ART SANS UN SOU

« Le véritable voyage de découverte ne consiste pas à chercher de nouveaux paysages, mais à avoir de nouveaux yeux. »

Marcel Proust

PARISIEN D'UN JOUR

S'inscrire entre une et trois semaines à l'avance sur
greeters.paris

Visitez Paris (comme) entre amis

Vos amis étrangers ont déjà écumé la moitié du Louvre et gravi les 1 665 marches de la tour Eiffel. De Paris, ils souhaitent enfin connaître la petite histoire des coins de rue perdus sous la glycine. Confiez-les donc aux bons soins de l'association Parisien d'un jour qui leur proposera un guide bénévole, Parisien convaincu, prêt à les embarquer dans une découverte très personnelle de son propre quartier. La balade, vécue sur un mode quasi amical, s'achève souvent au troquet du coin. Ces visites de deux ou trois heures s'adressent aux individuels ou aux petits groupes de six personnes maximum. Elles sont gratuites, mais rien n'empêche le visiteur satisfait de faire un don (*via* le site) pour aider au fonctionnement de l'association.

Chassez les trésors de la capitale

Paris s'offre aux curieux marcheurs et aventureux. À signaler, deux initiatives éminemment sympathiques et tout public :
En juillet, partez à la découverte de la ville, muni d'un questionnaire, dans différents arrondissements de Paris et vivez en équipe une expérience ludique et instructive.

La Chasse aux trésors de Paris
Infos et inscription sur tresorsdeparis.fr

Il s'agit là, en février, de découvrir des lieux habituellement fermés au public et de visiter ou de participer à des événements insolites dans des hôtels particuliers, des postes de contrôle RATP. Vraiment génial, même quand on croit tout connaître…

Paris Face Cachée
Infos et inscription sur tresorsdeparis.fr

VISITES GRATUITES DE NOTRE-DAME DE PARIS

Association CASA
47, rue Servan, 11e • M° Père-Lachaise
Tous les jours à 14h et 15h
Renseignements au 01 42 34 56 10 (à la cathédrale)

guidecasa.com

Notre-Dame décryptée

Savez-vous que, sur le parvis de la cathédrale, se trouve le point fictif marquant le kilomètre zéro de nos routes nationales ? Avez-vous déjà passé sa façade principale au peigne fin ? Connaissez-vous sa crypte archéologique ? Trois réponses négatives vous donnent le droit de suivre les visites gratuites assurées par les adhérents de l'association Casa (Communauté d'accueil dans les sites artistiques). Elles se font en français, mais aussi dans sept autres langues dont le russe et le japonais. Et chaque jour de l'année.

La nuit, tous les chats sont arty

Durant la Nuit blanche, chaque année en octobre, l'art contemporain est honoré jusqu'au bout de la nuit par un grand nombre de musées, de sites, de monuments parisiens, avec notamment des installations éphémères surprenantes. Toutes les visites sont gratuites. L'atmosphère de mystère est de plus en plus palpable à mesure que l'on s'enfonce dans la nuit…

Nuit blanche, en octobre
Programme sur paris.fr

Pendant la Nuit des musées, au mois de mai, même les enfants se couchent tard ! L'ouverture gratuite des collections permanentes et des expositions temporaires, ça ne se manque pas ! Mais aussi des lectures, des animations, des ateliers familiaux. On peut visiter le parc du musée Rodin à la seule lueur d'une lampe de poche, pendant qu'au musée de l'Armée, un bataillon de visiteurs découvre le département moderne de Louis XIV à Napoléon III dans le sillage de quelques vrais-faux grognards.

Nuit des musées, en mai
Renseignements sur
nuitdesmusees.culturecommunication.gouv.fr

ASSOCIATION ART, CULTURE ET FOI

10, rue du Cloître-Notre-Dame, 4e • M° Cité • Tél. 01 78 91 91 65

artculturefoi-paris.fr

Découvrir les trésors des églises parisiennes

S'imaginer touriste et s'aventurer dans l'église de son quartier, lever le nez et remarquer un jubé en pierre, un cloître insoupçonné ou une crypte fraîche : c'est le programme proposé par l'association Art, culture et foi, dont les guides bénévoles entraînent dans leur sillage une vingtaine de flâneurs passionnés.

PAVILLON DE L'EAU

77, avenue de Versailles, 16e • Tél. 01 42 24 54 02

eaudeparis.fr/lespace-culture/pavillon-de-leau

Paris à la source

Installé dans une ancienne halle industrielle, le Pavillon de l'eau propose aux Parisiens de mieux comprendre les enjeux de l'eau à Paris. Eau de Paris y organise une exposition permanente consacrée au schéma d'alimentation en eau de la capitale, des expositions temporaires, des animations pour enfants (ateliers, projections, spectacles...), des rencontres thématiques mais organise surtout de superbes visites sur les canaux, lacs et autres installations portuaires de la région : le tout pour zéro euro !

JOURNÉES EUROPÉENNES DU PATRIMOINE

Programme sur
journeesdupatrimoine.culturecommunication.gouv.fr

Paris ouvre-toi !

Pas question de rester sur le sofa du salon pendant le week-end des Journées européennes du Patrimoine. Sinon à quoi ça sert que l'on ouvre les portes de lieux prestigieux ou insolites que l'on n'a en temps normal absolument aucune chance de visiter gratuitement – ni même en payant pour certains ? Des hôtels particuliers, des bureaux d'hommes politiques, des cryptes, des catacombes, des lieux de pouvoir, des coulisses de théâtre...

Gratuits pour tous, tout le temps : les musées de la Ville de Paris

Même certains Parisiens ne savent pas que l'on peut accéder gratuitement aux collections permanentes de 11 des 14 musées de la Ville de Paris. Ces collections se sont enrichies depuis plus de deux siècles des achats faits par la Ville (sculptures, peintures, estampes, médailles, objets d'art...), mais aussi de legs ou de donations de particuliers ou d'artistes (comme le sculpteur Antoine Bourdelle). De vrais trésors à découvrir dans des musées d'art et d'histoire, des musées littéraires, des ateliers d'artistes. On décerne la palme du charme au musée de la Vie romantique, celle de l'ancienneté au musée Carnavalet (créé en 1880) et une mention toute spéciale au musée Cernuschi et au Petit Palais, l'un pour ses statues de bouddhas, et l'autre pour son décor et son jardin paradisiaque. En prime, les expositions temporaires sont gratuites pour les jeunes de moins de 17 ans.

Programmes sur parismusees.paris.fr

Musée Cognacq-Jay
8, rue Elzévir, 3e • M° Saint-Paul • Tél. 01 40 27 07 21
Voir p. 20

Maison de Victor Hugo à Paris
6, place des Vosges, 4e • M° Saint-Paul • Tél. 01 42 72 10 16
Voir p. 21

Musée Carnavalet – Histoire de Paris
23, rue de Sévigné, 4e • M° Saint-Paul • Tél. 01 44 59 58 58

Musée Zadkine
100 bis, rue d'Assas, 6e • M° Notre-Dame-des-Champs
Tél. 01 55 42 77 20

Petit Palais
Avenue Winston-Churchill, 8e • M° Champs-Élysées-Clemenceau • Tél. 01 53 43 40 00

Musée Cernuschi
7, avenue Vélasquez, 8e • M° Monceau ou Villiers
Tél. 01 53 96 21 50

Musée de la Vie romantique
16, rue Chaptal, 9e • M° Blanche • Tél. 01 55 31 95 67

Musée Jean-Moulin
Jardin Atlantique, 23, allée de la 2e-DB, 15e (au-dessus de la gare Montparnasse) • M° Montparnasse-Bienvenüe
Tél. 01 40 64 39 44 • Voir p. 63

Musée Bourdelle
16, rue Antoine-Bourdelle, 15e • M° Falguière
Tél. 01 49 54 73 73

Musée d'Art moderne de la Ville de Paris
11, avenue du Président-Wilson, 16e • M° Iéna
Tél. 01 53 67 40 00

Maison de Balzac
47, rue Raynouard, 16e • M° La Muette ou Passy
Tél. 01 55 74 41 80 • Voir p. 21

MAISON DE BALZAC

47, rue Raynouard, 16e • M° Passy • Tél. 01 55 74 41 80
Ouvert tous les jours sauf le lundi et les jours fériés de 10h à 18h

balzac.paris.fr

Au vert dans le refuge secret du géant de la littérature

La maison est-elle un révélateur de l'âme ? On ne peut qu'en être convaincu en visitant celle de Balzac, où il vécut sous un pseudonyme de 1840 à 1847. C'est dans cet appartement des coteaux de Passy qu'il écrivit *La Comédie humaine*. Les souvenirs personnels, les éditions originales, les manuscrits... émeuvent dans cette maison mélancolique avec son délicieux jardin. Un musée d'atmosphère, un peu secret. En contrebas de la maison, faites quelques pas dans la pittoresque rue Berton (ne serait-ce que pour repérer la porte dérobée par laquelle l'écrivain fuyait ses créanciers) et sur laquelle le temps ne semble pas avoir eu de prise...

MUSÉE COGNACQ-JAY

8, rue Elzévir, 3e • M° Saint-Paul • Tél. 01 40 27 07 21
Ouvert tous les jours sauf le lundi et les jours fériés de 10h à 18h

museecognacqjay.paris.fr

Plongée dans le XVIIIe siècle

Fondateurs des grands magasins de la Samaritaine, Ernest Cognacq et son épouse Marie-Louise Jay consacrèrent, au début du XXe siècle, une partie de leur fortune à collectionner des œuvres et des objets d'art, avec une prédilection pour le XVIIIe siècle français. Le musée présente un bel ensemble de peintures et de sculptures où les grands artistes (Lemoyne, Chardin, Fragonard) voisinent avec des maîtres moins connus (Saly). Des boiseries, des meubles et des objets évoquent le cadre de vie de la société élégante. Autrefois présentés sur les grands boulevards à l'ombre de la Samaritaine, ces témoignages d'un XVIIIe siècle familier et gracieux ont été transférés en 1990 dans ce vieil hôtel du Marais.

MAISON DE VICTOR HUGO

6, place des Vosges, 4e • M° Saint-Paul ou Chemin-Vert
Tél. 01 42 72 10 16
Ouvert tous les jours sauf le lundi et les jours fériés de 10h à 18h

Entrée gratuite aux expositions permanentes
et jusqu'à 17 ans aux expositions temporaires (sinon, 7 €)

musee-hugo.paris.fr

Histoires de chinoiseries, de chefs-d'œuvre et d'amour

Victor Hugo vécut place des Vosges de 1832 à 1848, au 2e étage de l'hôtel Rohan-Guéménée. C'est là qu'il recevait Musset, Balzac, Lamartine, Dumas et qu'il écrivit quelques-unes de ses œuvres majeures. Le musée est intéressant car il ne se limite pas à une reconstitution des lieux, mais cherche aussi à illustrer la vie de cet insatiable géant des lettres. Il montre également un aspect moins connu des talents de Victor Hugo, celui de décorateur, puisqu'il imagina un salon chinois des plus étonnants pour la maison de sa muse, Juliette Drouet, à Guernesey.

ESPACE CULTUREL LOUIS-VUITTON

60, rue de Bassano ou accès par le magasin Louis Vuitton,
101 avenue des Champs-Élysées, 8e • M° George-V
Tél. 01 53 57 52 03
Ouvert du lundi au samedi de 12h à 19h, le dimanche de 11h à 19h

louisvuitton.com/espaceculturel

Au top de la tendance

Oubliez le célèbre monogramme et les sacs en croco : venez plutôt découvrir la jeune création dans un lieu hors de la ville et du temps, au sommet du magasin Vuitton. Suspendue au 7e étage de l'adresse mythique, une magnifique surface de $400\,m^2$ est dédiée aux expressions artistiques contemporaines. Expositions, rencontres, performances, ateliers jeune public, l'Espace culturel Louis-Vuitton exprime toute la créativité et la dimension artistique de la maison. Avec trois expositions par an, il porte haut les valeurs maîtresses de la marque : art, mode et voyage. Zaha Hadid, Claude Closky, Odile Decq et des dizaines d'autres y ont déjà exposé... À découvrir absolument !

FONDATION D'ENTREPRISE RICARD

12, rue Boissy-d'Anglas, 8e • M° Concorde • Tél. 01 53 30 88 00
Ouvert du mardi au samedi de 11h à 19h

fondation-entreprise-ricard.com

Mécénat à part

Cela fait plus de dix ans que ce lieu œuvre en faveur de la jeune création, dans le domaine des arts plastiques. Au rythme de six expositions par an, dans un bel espace épuré, la fondation Ricard donne ici sa chance à des artistes émergents souvent inconnus du grand public. Sont également organisées des rencontres, des lectures, des conférences... Un programme ambitieux qui fait du 12 rue Boissy-d'Anglas un lieu de culture sans équivalent ou presque dans Paris.

PANTHÉON BOUDDHIQUE

19, avenue d'Iéna, 16e • M° Iéna • Tél. 01 56 52 53 00
Ouvert tous les jours sauf le mardi de 10h à 17h45

guimet.fr

Impossible d'être plus zen

Un jardin japonais, un pavillon digne des romans de Mishima en plein Paris... Cela pourrait suffire à nourrir la curiosité des visiteurs du musée Guimet tout proche. Dans ce lieu secret, 250 œuvres bouddhiques (japonaises et chinoises), dont certaines (des bouddhas géants très spectaculaires) ont été rassemblées par Émile Guimet, l'industriel lyonnais à l'origine de la collection du musée qui porte son nom. Pour amateurs de calme, d'insolite et de spiritualité authentique...

La semaine du gratuit

• **Gratuits le dimanche**

Le premier dimanche de chaque mois pour la Conciergerie, l'Arc de Triomphe, la Chapelle expiatoire, le Panthéon, la Sainte-Chapelle, ainsi que pour les musées Rodin, de l'Orangerie, Delacroix, Guimet, de Cluny, Gustave-Moreau mais aussi le musée d'Orsay et le Louvre (d'octobre à mars uniquement), le Centre Georges-Pompidou, le musée des Arts et Métiers et le musée Picasso.

• **Gratuits le mercredi**

Le dernier mercredi du mois pour le musée Dapper, spécialisé dans l'art africain et caribéen

Musée Dapper
35 bis, rue Paul-Valéry, 16e • M° Victor-Hugo
Tél. 01 45 00 91 75

Tous les mercredis de 17h à 20h pour la Maison européenne de la photographie

Maison européenne de la photographie
5-7, rue de Fourcy, 4e • M° Saint-Paul • Tél. 01 44 78 75 00

• **Gratuit le jeudi**

Le jeudi en nocturne, le musée des Arts et Métiers

Musée des Arts et Métiers
60, rue Réaumur, 3e • M° Arts-et-Métiers
Tél. 01 53 01 82 00

En cas de doute, pensez à vérifier sur le site Internet de chaque musée ou sur paris.fr

Open les galeries !

Parfois, c'est comme si la gratuité d'entrée des galeries d'art agissait sur certains tel un repoussoir. Alors que le visiteur de musées s'agrippe à son ticket d'entrée ("J'ai payé, je suis là pour apprendre"), le visiteur de galeries d'art hésite à parcourir le lieu en toute liberté, persuadé que la galeriste occupée à remuer quelques papiers sur son bureau ne perd pas une miette de ses interrogations devant une œuvre conceptuelle ou un tableau monochrome. Alors, avant de prendre votre courage à deux mains, profitez des vernissages pour l'ambiance, les cacahuètes, et le plaisir de butiner incognito. Pour commencer à remplir les pages de votre agenda, consultez régulièrement paris-art.com ou slash-paris.com, les meilleurs sites sur l'art contemporain à Paris et les différents vernissages et inaugurations.

PORTES OUVERTES DES ATELIERS D'ARTISTES DE BELLEVILLE

Un peu partout autour de Belleville (20e arrondissement)
Renseignements au 01 77 12 63 13
ou sur **ateliers-artistes-belleville.fr**

Dans le secret de la création

Visiter gratuitement les ateliers d'artistes lors de leurs opérations portes ouvertes, il n'y a rien de mieux pour être au cœur de la création émergente, découvrir les gestes, les matériaux, l'univers des artistes et s'émerveiller en famille. Les portes ouvertes des ateliers d'artistes de Belleville sont les plus courues et les plus réputées, annoncées à chaque printemps par de superbes affiches. Pendant quatre jours, près de 250 artistes habitant ou travaillant à Belleville invitent l'amateur à voir leur travail de près.

• Et aussi

Portes ouvertes des ateliers d'artistes de Ménilmontant
Partout dans le 20e arrondissement
Renseignements au 01 43 66 54 87
ou sur **ateliersdemenilmontant.org**

Des musées en plein air

Sculptures, statues équestres, murs peints : l'art est partout dans les rues de Paris, tandis que tous les jardins publics ou presque sont de véritables musées en plein air. On pense naturellement au square Tino-Rossi et à ses œuvres contemporaines qui habillent les bords de Seine, aux Tuileries avec bien sûr les Maillol, mais aussi les œuvres land art de Pennone, à la fontaine Nikki de Saint-Phalle-Jean Tinguely à côté du Centre Pompidou… Et n'oublions pas Buren dans les jardins du Palais-Royal et la bouche de métro d'Othoniel, pour ne citer vraiment que les plus connus.
La liste est très très longue ! Reportez-vous au site statue-de-paris.sculpturederue.fr/index.html, pour en avoir une idée plus précise et organiser vos promenades.

Publiques et souvent chic : les salles des ventes

Drouot n'est pas une salle des ventes comme les autres, c'est la plus ancienne institution de vente aux enchères publiques du monde, datant de 1852. Alors, faites comme les 5 000 visiteurs qui se pressent chaque jour dans les 16 salles de vente et d'exposition. Laissez-vous séduire par l'ambiance, rythmée par les cris des acheteurs et les marteaux des commissaires-priseurs. Adjugé, vendu !

Hôtel des ventes Drouot
9, rue Drouot, 9e • M° Richelieu-Drouot • Tél. 01 48 00 20 20
Ouvert du lundi au samedi de 11h à 18h
Fermé généralement le dimanche et en août
gazette-drouot.com

Christie's a ouvert son premier bureau en France en 1968 mais s'est installé en 2001 dans l'ancien hôtel particulier des sœurs Callot, célèbres couturières du début du siècle. Situé au cœur même du prestigieux quartier des antiquaires (dont les boutiques se visitent aussi comme de petits musées), cet espace de 4 500 m² comprend cinq salles d'expositions et deux salles des ventes. Programme à suivre sur le site Internet.

Christie's
9, avenue Matignon, 8e • M° Franklin-D.-Roosevelt
Tél. 01 40 76 85 85
christies.com/features/welcome/french

Juste en face du palais de l'Élysée, 30 ventes sont organisées ici chaque année, toutes plus prestigieuses les unes que les autres. Les expositions des œuvres, souvent exceptionnelles (peintures, montres, bijoux, photos), valent vraiment le coup. Là encore, suivre le programme sur le site Internet.

Sotheby's France
76, rue du Faubourg-Saint-Honoré, 8e • M° Concorde
Tél. 01 53 05 53 05 • sothebys.com

De l'orientalisme aux vins, en passant par la bande dessinée ou le design, Artcurial ne dresse aucune barrière et mène ces ventes – parfois très singulières – avec énergie. Ici encore l'entrée est libre et les surprises très nombreuses, car les ventes se succèdent rapidement et leurs expositions aussi.

Artcurial – Briest, Poulain, F. Tajan
7, rond-point des Champs-Élysées, 8e • M° Franklin-D.-Roosevelt • Tél. 01 42 99 20 20
artcurial.com/fr

COURS SUR PARIS DE L'ÉCOLE DU LOUVRE

Amphithéâtre Rohan, entrée par le Carrousel du Louvre
99, rue de Rivoli, 1er • M° Palais-Royal-Musée-du-Louvre
Tél. 01 55 35 18 35 (actualités)
De novembre à juin, le vendredi de 18h30 à 19h30

ecoledulouvre.fr, rubrique Les enseignements > Être auditeur

Pour tout savoir sur la capitale

Paris est un bien beau sujet d'études. L'École du Louvre lui consacre toutes les semaines un cours public et gratuit qui permet de dresser un état des lieux de son patrimoine artistique (architecture, peinture, sculpture...). Sur des thématiques aussi passionnantes que “Le Second Empire et Haussmann” ou “Paris au Moyen Âge”.

PROGRAMME CULTUREL DES BEAUX-ARTS DE PARIS

14, rue Bonaparte, 6e • M° Pont-Neuf • Tél. 01 47 03 50 00

beauxartsparis.com, rubrique Agenda

Rencontrer la crème de l'art contemporain

Plusieurs fois par semaine, des rencontres, des projections ou des conférences sont organisées par l'École nationale supérieur des Beaux-Arts. À noter aussi que l'entrée des nombreuses expositions est souvent gratuite.

LE LIEU DU DESIGN PARIS ILE-DE-FRANCE

11, rue de Cambrai, 19e • M° Corentin-Cariou • Tél. 01 40 41 51 02
Horaires variables selon l'exposition

lelieududesign.com

À la rencontre des tendances du design

Le Lieu du design, nouvel espace de rencontres pour les professionnels du design (l'un des points forts de Paris), propose de passionnantes expos souvent importées de musées étrangers – autour de la typographie, de la création d'objets et de formes... Parfait pour affûter son regard !

59, RIVOLI

59, rue de Rivoli, 1er • M° Châtelet
Du mardi au dimanche de 13h à 20h

59rivoli.org

Entrez dans le squat !

Un squat en plein Paris où se trament expositions collectives, concerts et impro ouverts à tous dans une belle énergie. À découvrir pour l'aspect vraiment insolite du lieu et rencontrer des artistes en tous genres.

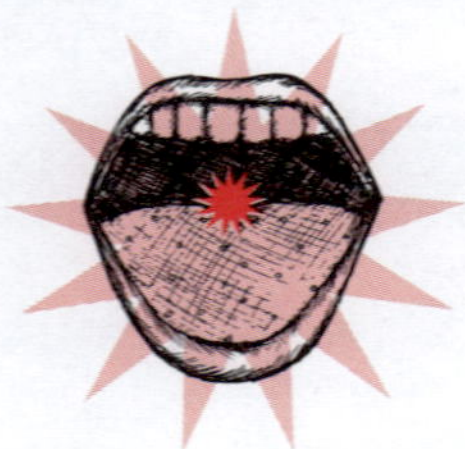

Moins de 26 ans ou prof, c'est votre chance !

Les monuments et les collections permanentes des musées nationaux s'ouvrent toute l'année gratuitement pour les moins de 26 ans (ressortissants de l'Union européenne) et pour les enseignants. Des milliers d'heures sous les cimaises à prévoir…

Musée du Louvre (34, quai du Louvre, 1er)
Musée de l'Orangerie (Jardin des Tuileries, 1er)
Musées des Arts décoratifs (107, rue de Rivoli, 1er)
Musée d'Art et d'histoire du judaïsme (71, rue du Temple, 3e)
Musée Picasso (Hôtel Salé, 5, rue de Thorigny, 3e)
Musée des Arts et Métiers (60, rue Réaumur, 3e)
Centre Georges-Pompidou (rue Beaubourg, 4e)
Muséum d'Histoire naturelle (57, rue Cuvier, 5e)
Musée Eugène-Delacroix (6, rue de Fürstenberg, 6e)
Musée du Moyen Âge – Thermes et hôtel de Cluny (6, place Paul-Painlevé, 5e)
Musée de la Monnaie et Médailles (11, quai de Conti, 6e)
Musée du Luxembourg (19, rue de Vaugirard, 6e)
Institut du Monde arabe (1, rue des Fossés-Saint-Bernard, 5e)
Musée d'Orsay (1, rue de Bellechasse, 7e)
Musée du Quai-Branly (37, quai Branly, 7e)
Musée Rodin (77, rue de Varenne, 7e)
Musée de l'Armée (129, rue de Grenelle, 7e)
Musée Gustave-Moreau (4, rue La Rochefoucauld, 9e)
Musée de l'Histoire de l'immigration (293, avenue Daumesnil, 12e)
Musée des Arts asiatiques – Guimet (19, avenue d'Iéna, 16e)
Musée de la Marine de Paris (17, place du Trocadéro, 16e)
Cité de l'architecture et du patrimoine (1, place du Trocadéro, 16e)
Musée Jean-Jacques-Henner (fermé pour rénovation jusqu'en mars 2016 – 43, avenue de Villiers, 17e)
Musée de la Musique (221, avenue Jean-Jaurès, 19e)

PAVILLON DE L'ARSENAL

21, boulevard Morland, 4e • M° Sully-Morland • Tél. 01 42 76 33 97
Du mardi au samedi de 10h30 à 18h30, le dimanche de 11h à 19h

pavillon-arsenal.com

Le paquebot de l'architecture

Mais si, regardez bien, le Pavillon de l'Arsenal se situe sur une île, une toute petite île aujourd'hui rattachée à la rive droite de Paris et qui, jusqu'en 1843, se trouvait à la lisière du quartier abritant l'Arsenal, une fabrique de poudre à canon. Aujourd'hui, le Pavillon de l'Arsenal abrite le Centre d'information, de documentation et d'exposition d'urbanisme et d'architecture de la Ville, un lieu d'exposition à l'accès tout à fait libre et gratuit où l'on découvrira l'évolution de Paris et diverses questions d'urbanisme par le biais d'une exposition permanente, “Paris, la métropole et ses projets” (1 000 documents d'archives, photos, cartes, plans et films, ainsi qu'une maquette numérique de 37 m^2), d'expositions temporaires et d'archives vidéo. Un lieu en constante évolution, à l'image du paysage urbain.

LA GAÎTÉ LYRIQUE

3 bis, rue Papin, 3e • M° Réaumur-Sébastopol • Tél. 01 53 01 52 00
Du mardi au samedi de 14h à 20h, le dimanche de 12h à 18h, nocturne le mardi jusqu'à 21h

gaite-lyrique.net

Vers de nouveaux horizons numériques

La Gaîté lyrique, ancien théâtre parisien qui a connu les opérettes d'Offenbach, est désormais un lieu dédié aux arts numériques, vidéo, graphisme, musique électro... En marge des expositions et des concerts (payants), le Centre de ressources, entièrement gratuit, s'adresse à tous ceux qui voudraient se plonger dans des ouvrages pointus sur la question, et profiter des "éclaireuses", ces alcôves baladeuses dotées d'un siège et d'un écran, où l'on peut choisir un film ou se connecter à Internet. Juste à côté, un espace jeux vidéo accueille les amateurs qui caleront leur séant sur la structure en nid d'abeille de la banquette "K. Bench" de chez Vange (cette Gaîté est très, très design), histoire de découvrir des nouveautés en matière de jeux et de pratiquer gratuitement pendant une vingtaine de minutes. Un détour par le foyer historique ne coûtera pas plus cher : cette superbe salle, classée Monument historique, vaut vraiment le coup d'œil, avec ses stucs, ses colonnades crénelées, ses lustres modernes et surdimensionnés.

2

SE CULTIVER SANS RIEN PAYER

« La culture ne s'hérite pas,
elle se conquiert. »
André Malraux

Cultures du monde

RENCONTRES DE L'INSTITUT DU MONDE ARABE

1, rue des Fossés-Saint-Bernard, place Mohammed-V, 5e
M° Jussieu ou Cardinal-Lemoine • Tél. 01 40 51 38 38
Le jeudi à 18h30

imarabe.org,
rubrique Activités et événements > Rencontres et débats

Mille et un jeudis

Les passionnés de culture orientale réserveront une fois par semaine leur soirée pour les “Jeudis de l'IMA”, des rendez-vous qui réunissent romanciers, poètes, philosophes, historiens et plasticiens arabes et occidentaux dans des échanges libres et fructueux. Les débats portent sur les problématiques actuelles telles que la place de la femme, la question du genre, la revendication démocratique, l'islam et l'islamisme...

CONFÉRENCES DU MUSÉE DU QUAI-BRANLY

37, quai Branly ou 218, rue de l'Université, 7e • M° Bir-Hakeim
Tél. 01 56 61 70 00
De septembre à mai, le mercredi et le vendredi à 18h30

quaibranly.fr,
rubrique Programmation > Université populaire du quai Branly

S'ouvrir sur le monde en liberté

Dans ce beau musée consacré aux “arts premiers” ont été mis en place des cycles de conférences réguliers et de haut vol, entièrement gratuits. Lors des séances exceptionnelles comme celle des “Grands témoins”, des grands noms – savants, artistes, acteurs du monde... – racontent leurs expériences et leur parcours.
Un vendredi par trimestre, de 19h à 23h, tapi sous sa verdure foisonnante, le musée se met à l'heure des “Before” en invitant le public à découvrir ce qui fait la richesse de ses expositions. Rien à voir avec une visite classique ! Ici on s'initie à une danse tribale, on s'engage dans la pénombre des collections derrière un étudiant-médiateur, on découvre les saveurs du monde ou les cultures urbaines. À noter : le sympathique festival des Siestes électroniques qui, pendant 5 jours en juillet-août, invite à se relaxer sur fond de musiques “aventureuses” dans le jardin sauvage du musée...

Les instituts culturels

On pourrait y passer sa vie ! Qu'ils soient installés sous les lambris d'un hôtel particulier ou dans la cour pavée d'un quartier populaire, les centres et instituts culturels répondent à deux missions : initier le badaud parisien à la culture d'un pays par le biais d'expositions, de concerts, de débats, de cours de langue ou de danse, de dégustations de produits nationaux, de célébrations de fêtes populaires..., mais aussi constituer un point d'ancrage pour les exilés désireux de renouer avec leurs coutumes. L'accès au centre de documentation ou à la bibliothèque est généralement gratuit, et certains centres ou instituts ne réclameront pas le moindre zloty ou dinar aux Parisiens venus assister à des rencontres avec des artistes ou à des échanges littéraires autour d'un kawa. Les expositions sont également en libre accès, comme certains événements organisés pendant la "Semaine des cultures étrangères" (fin septembre). Pour connaître le programme de ces lieux de culture et leurs événements gratuits, se reporter au site ficep.info (Forum des instituts culturels étrangers à Paris). Nous indiquons ci-après nos coups de cœur.

INSTITUT FINLANDAIS

60, rue des Écoles, 5e • M° Maubert-Mutualité • Tél. 01 40 51 89 09

institut-finlandais.asso.fr

Encore plus généreux que le père Noël

Le père Noël étant, comme chacun sait, originaire du village de Rovaniemi, en Laponie finlandaise, il a beaucoup insisté pour que les conférences organisées dans son institut soient gratuites. Ce sera l'occasion de rencontrer un auteur de polars finlandais, de visionner un thriller venu du froid, d'écouter de la poésie estonienne ou de découvrir (gratuitement *of course*) les œuvres de la jeune création contemporaine finlandaise. Sachez que l'institut s'est doté d'un très charmant café qui distille de réconfortants breuvages (payants) mais aussi d'une galerie-boutique qui accueille de temps à autre des installations signées par des artistes finnois (designers, céramistes...).

CENTRE TCHÈQUE

18, rue Bonaparte, 6e • M° Saint-Germain-des-Prés
Tél. 01 53 73 00 22

paris.czechcentres.cz

Sans carnet de chèques

Ceux qui cherchent un peu de dépaysement trouveront leur bonheur dans ce centre où l'on peut s'adonner à une profusion d'activités culturelles. Projections, concerts classiques, débats, vernissages, concerts de jazz… : le programme, soutenu, ne laissera aucun répit aux visiteurs. Les plus curieux pourront aussi s'initier aux cours de langue et faire des rencontres étudiantes. N'espérez pas écouler ici vos vieilles couronnes tchèques : tout est gratuit.

Serez-vous Chat ou Lapin ?

Il faut venir fêter le nouvel an chinois, le premier jour du printemps, dans le calendrier lunaire, avec la communauté chinoise de Paris, ses parades, ses dragons et ses lanternes rouges. Le cœur de l'événement se situe dans le 13e arrondissement (avenues d'Ivry et de Choisy, place d'Italie), mais aussi autour de la mairie du 3e et de l'Hôtel de Ville. Animations gratuites (maquillage, calligraphie, ateliers de cuisine…).

Mairie du 3e • Tél. 01 53 01 75 03
Mairie du 13e • Tél. 01 44 08 13 13

INSTITUT CULTUREL ROUMAIN

1, rue de l'Exposition, 7e • M° École-Militaire • Tél. 01 47 05 15 31

institut-roumain.org

Sous les ors

On s'y rend pour ses conférences, ses expositions et ses mises en scène de textes roumains bien sûr, mais aussi pour ses concerts (de musique classique souvent, et de jazz parfois).

CENTRE CULTUREL DE CHINE

1, boulevard de la Tour-Maubourg, 7e • M° Invalides
Tél. 01 53 59 59 20

cccparis.org

Un pont entre l'Orient et l'Occident

Ce centre culturel dynamique propose, outre des cours de langue, de calligraphie et de diététique chinoise, de très bonnes conférences où il est proposé d'établir un dialogue entre les pensées européennes et chinoises.

FONDATION CALOUSTE-GULBENKIAN DÉLÉGATION EN FRANCE

39, boulevard de la Tour-Maubourg, 7e • M° La Tour-Maubourg
Tél. 01 53 85 93 93

gulbenkian-paris.org/accueil

Ouvertures intellectuelles

La fondation Calouste-Gulbenkian, du nom du magnat arménien du pétrole qui légua toute sa fortune et sa collection d'art en 1955 au Portugal à des fins culturelles, est un lieu d'un dynamisme étonnant. Expositions de photos sur le monde lusophone, conférences de haut vol sur des sujets de société, sur l'économie contemporaine, sur les relations internationales... Ce lieu est en train d'émerger dans le paysage parisien pour son exigence, son ouverture et sa générosité, puisque toutes les animations proposées sont entièrement gratuites, tout comme l'accès à une exceptionnelle bibliothèque.

MAISON DU DANEMARK

142, avenue des Champs-Élysées, 8e • M° Charles-de-Gaulle-Étoile
Tél. 01 56 59 17 40

maisondudanemark.dk

Aux frais du prince

On aime déjà beaucoup la belle terrasse du Flora Danica, le restaurant danois de l'entresol. Mais grimpez à l'espace culturel du 2e étage, pour profiter des concerts, défilés de mode, spectacles, projections, expositions... Non seulement tout est en accès libre, mais le public est accueilli avec la convivialité qui sied au lieu.

GOETHE INSTITUT

17, avenue d'Iéna, 16e • Tél. 01 44 43 92 30 • M° Iéna

goethe.de

Tout sur l'Allemagne

Lieu génial où découvrir l'histoire de l'Allemagne et son actualité à travers un programme d'expositions, de concerts et de rencontres gratuites et de haut niveau.

FÊTE DE GANESH

Sri Manika Vinayakar Alayam
17, rue Pajol, 18e • M° La Chapelle • Tél. 01 42 09 50 45

templeganesh.fr

Gange-sur-Seine

Fin août-début septembre, le temple Sri Manika organise une grande fête à la gloire de Ganesh, fils de la déesse Parvati et du seigneur Shiva. Une statue du dieu à tête d'éléphant, richement décorée, est promenée dans les rues des 10e et 18e arrondissements, sur un char de 5 m de haut. Sur son chemin s'enchaînent des scènes de purification à l'eau de rose et au safran. En tête de cortège défilent les joueurs de flûtes et de tambours ; suivent les danseuses, parées d'arceaux en plumes de paon (l'oiseau national de l'Inde), portant en équilibre sur la tête des pots de terre dans lesquels brûle du camphre. La foule en liesse et en costumes traditionnels accompagne le défilé dans un festival d'odeurs et de couleurs chatoyantes.

ESPACE AUTOFORMATION DE LA BIBLIOTHÈQUE PUBLIQUE D'INFORMATION

Centre Georges-Pompidou
1, rue Beaubourg, 4e • M° Rambuteau • Tél. 01 44 78 12 75
Du lundi au vendredi de 12h à 22h (sauf le mardi),
le samedi et le dimanche de 11h à 22h

Gratuit pour des séances d'1h renouvelable • 60 cabines disponibles
Réservation indispensable sur place le jour même

bpi.fr, rubrique La bibliothèque > Collections > Autoformation

Spot de polyglottes

Le laboratoire de langues du Centre Pompidou met à disposition de ses usagers des postes audio, vidéo ou informatiques et des méthodes de langue interactives, pour l'initiation ou le perfectionnement. On peut choisir parmi 250 langues et dialectes, de l'afar au zoulou. Mais d'autres apprentissages sont tout aussi accessibles comme le code de la route, la PAO, l'orthographe... Bon à savoir également, la BPI met à la disposition de tous un choix impressionnant de journaux et de magazines au sein de l'espace presse, ainsi que 1800 revues spécialisées.

Philosophie

COLLÈGE INTERNATIONAL DE SOPHIE

1, rue Descartes, 5e • M° Maubert-Mutualité
Tél. 01 44 41 46 80

ciph.org, rubrique Programme

Moderne Académie

Le Collège international de philosophie, mêlant les enseignants-chercheurs aux professeurs de lycée, a été fondé en 1983. Il organise des séminaires et des conférences destinés à qui maîtrise parfaitement les bases de la philosophie. Certains thèmes nous donnent une idée du niveau des débats : “Transmission de la voie et subjectivité plurielle dans le néo-confucianisme” ou “Un athéisme philosophique à l’âge classique : le *Theophrastus redivivus*, 1659”... Les conférences ont lieu non seulement rue Descartes mais aussi dans 20 sites à Paris et en banlieue (au lycée Henri-IV, dans différentes universités, aux cinémas L’Écran à Saint-Denis, Le Méliès à Montreuil et Le Trianon à Romainville).

LES CONFÉRENCES DE LA RÈGLE DU JEU

Cinéma Étoile Saint Germain-des-Prés
22, rue Guillaume-Apollinaire, 6e • M° Saint-Germain-des-Prés
Le dimanche à 11h

laregledujeu.org

Brillantes et so parisiennes

Le philosophe et éditorialiste Bernard-Henri Lévy a fondé en 1990 la revue *La Règle du jeu*. Celle-ci organise des séminaires qui ont lieu le dimanche à 11h au cinéma Saint-Germain-des-Prés. Les invités sont très souvent des philosophes : Blandine Kriegel, Bérénice Levet, Alain Finkielkraut et les débats passionnants, un peu plus techniques et relevés que dans les cafés philos classiques. Et en plus, on y côtoie du “beau monde”...

CAFÉ PHILO DU CAFÉ DES PHARES

7, place de la Bastille, 4e • M° Bastille • Tél. 01 42 72 04 70
Le dimanche de 10h30 à 12h15

S’exprimer en liberté

Depuis que le café des Phares de la place de la Bastille a lancé la mode du café philo, on se presse régulièrement sur ses banquettes de moleskine pour échanger avec de parfaits inconnus quelques pensées bien senties sur l’homme et le monde tels qu’ils vont. Attention, si vous consommez, vous paierez votre petit café (normal !).

CAFÉ PHILO DE PANTIN

Chez Agnès
21, rue Delizy, 93500 Pantin • M° Église-de-Pantin
Parfois dans d'autres lieux pantinois : théâtre, bibliothèque municipale, etc. • En semaine à 19h30

philo-pantin.fr

La philo hors les murs

La violence peut-elle avoir raison ? Pouvons-nous être citoyens du monde ? Qu'est-ce qu'un paysage ? Dans ces cafés philos animés par Grégory Darbadie (l'auteur du guide *Paris philo*, chez Parigramme), souvent associé à un artiste, un urbaniste, un historien ou un scientifique, on réfléchit collectivement et en toute liberté à ces thèmes qui nous concernent tous. Ainsi, ces séances Chez Agnès s'adressent à tous, sans pré-requis de connaissances philosophiques et n'ont qu'un objectif : révéler à chacun la puissance de la pensée. Une expérience réjouissante à tenter.

COLLÈGE DE FRANCE

11, place Marcelin-Berthelot, 5e • M° Maubert-Mutualité
Autres sites : 52, rue Cardinal-Lemoine, 5e ; 3, rue d'Ulm, 5e
Tél. 01 44 27 12 11 (standard) et 01 44 27 11 47 (accueil)

Entrée libre et sans inscription préalable

college-de-france.fr

Recherche libre

Dans ce Collège de France – dont la devise était, selon Merleau-Ponty, "donner non pas des vérités acquises, mais l'idée d'une recherche libre" –, les auditeurs peuvent découvrir les travaux de l'ethnologue Pierre Descola, la pensée chinoise par Anne Cheng ou la philosophie analytique promue par Claudine Tiercelin. Dès le mois d'octobre, des cours donnés par les plus grands spécialistes des mathématiques, de la physique ou de la biologie, de la philosophie, de l'histoire ou de la philologie sont autant d'occasions de s'enrichir intellectuellement que de croiser les successeurs de Roland Barthes ou Claude Lévi-Strauss...
À noter : de nombreuses versions audio ou vidéo des cours sont disponibles en ligne. Un conseil : assister aux conférences inaugurales des professeurs.

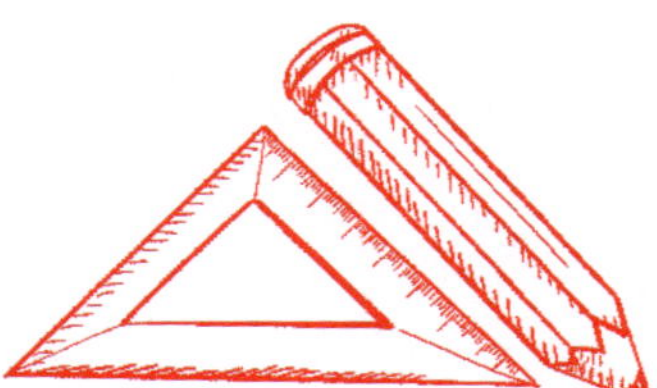

Littérature

BIBLIOTHÈQUES DE LA VILLE DE PARIS

Inscription sur présentation d'une pièce d'identité

Consultation en ligne du catalogue sur paris.fr, rubrique Services et infos pratiques > Culture et patrimoine > Bibliothèques

Renseignements au 3975 ou sur paris.fr

Combler une boulimie de lecture sans se ruiner ni s'encombrer

Envie de lire le dernier roman dont tout le monde parle ? Empruntez-le ! Ça ne coûte rien et n'encombrera que très provisoirement votre appartement. Grâce aux bibliothèques de la Ville de Paris, il est possible d'emprunter dans une seule bibliothèque jusqu'à 20 documents (livres, revues, BD, partitions, méthodes de langue, textes lus sur CD). Et 40 documents au maximum simultanément dans tout le réseau des bibliothèques, à choisir parmi un total de 3,5 millions de documents en libre accès, soit des années et des années de lecture. Mais, attention, il faut tout rendre au bout de trois semaines, sinon, là, ça commence à banquer (amendes minimes mais cumulables et encaissées par le Trésor public). La presse quotidienne ne s'emprunte pas, mais se consulte sur place (arrivées tous les jours). La location des CD et DVD est, elle, payante...

PARIS EN TOUTES LETTRES

Programme sur
maisondelapoesieparis.com

Textes en fête

Tous les ans en novembre, Paris en toutes lettres est une belle occasion de célébrer les liens de Paris avec la littérature... Pendant que les bibliothèques municipales se mettent au vert dans les jardins publics et que les comédiens donnent des lectures dans les sites les plus improbables, chaque librairie ou lieu culturel bruisse de débats, de rencontres, de performances, de cafés littéraires, de bals, de concerts et d'ateliers d'écriture.

Sciences

CITÉ DES SCIENCES ET DE L'INDUSTRIE

30, avenue Corentin-Cariou, 19e • M° Porte-de-La-Villette
Tél. 01 40 05 70 22
Du mardi au vendredi à 19h, le week-end à 14h30, dans l'auditorium

cite-sciences.fr, rubrique Au programme > Conférences

L'avenir n'a pas de prix

Les défis et les enjeux de la science et de ses applications dans la vie des hommes d'aujourd'hui sont régulièrement présentés et débattus à la Cité des sciences. On y cause climat, émotions, espèces, découvertes, couleurs... Les conférences, passionnantes, s'avèrent vite indispensables pour comprendre le monde actuel. S'adressant à un public large, elles ne demandent aucune compétence préalable.

CONSERVATOIRE NATIONAL DES ARTS ET MÉTIERS

292, rue Saint-Martin, 3e • M° Arts-et-Métiers • Tél. 01 40 27 20 00

cnam.fr, rubrique Culture > Agenda

Accéder aux savoirs

Depuis sa fondation par l'abbé Grégoire en 1794, le conservatoire national des Arts et Métiers est dédié à la formation – mais aussi à la diffusion auprès du grand public des dernières recherches en matière de culture scientifique et technique. C'est pourquoi, toute l'année, ses amphithéâtres s'ouvrent à tous et proposent des colloques, conférences-débats et séminaires avec les meilleurs experts qui viennent partager leurs connaissances et éclairer les enjeux du progrès. Comment être heureux au travail, Des tops aux flops, qu'est-ce qu'un produit culte? ou Histoire de l'informatique et du numérique: autant de sujets alléchants, à découvrir en accès libre – mais sur inscription.

FONDATION EDF

6, rue Récamier, 7e • M° Sèvres-Babylone • Tél. 01 53 63 23 45
Du mardi au dimanche de 12h à 19h

fondation.edf.com, rubrique Programmes

Et la lumière fut

C'est en ces lieux sereins que l'on a appris que miniaturiser les êtres humains à 50 cm pourrait réduire leur impact écologique sur la planète ! Ou que 60 000 abeilles, bien coachées par un designer, sont capables de construire... un vase en deux mois. L'Espace Fondation EDF fait son miel de ces petits miracles de la vie, au gré d'expositions mêlant la science et la prospective, les enjeux du développement durable et les propriétés du design. Comment s'inspirer de la nature pour faire pousser des maisons ? Comment les artistes pensent-ils le réchauffement climatique ? Passionnant et transversal.

MUSÉE CURIE

1, rue Pierre-et-Marie-Curie, 5e • M° Place-Monge
Tél. 01 56 24 55 33
Du mercredi au samedi de 13h à 17h

musee.curie.fr

Émouvantes recherches

Quelques pas à peine séparent le musée Curie du "hangar" où le couple Curie découvrit le polonium et l'uranium en 1898, dans l'un des plus anciens bâtiments de l'institut Curie. On y conserve tous les objets, documents et archives ayant trait au travail des deux chimistes. Certains sont exposés à la connaissance du public et retracent l'histoire de la radioactivité et de ses applications, notamment en médecine, dont une collection d'instruments scientifiques utilisés à l'institut du Radium de 1910 à 1960 et des objets insolites illustrant les usages de la radioactivité au début du XXe siècle.

FÊTE DE LA SCIENCE

En octobre

fetedelascience.fr

Sciences en joie et pour tous

Dans tous les domaines des sciences, de la vie et de la santé, de la matière, de la Terre et de l'Univers, des hommes et du patrimoine, des mathématiques, de la physique et de la chimie des technologies et des communications, des sciences humaines et sociales, des sciences de l'environnement, des nouvelles technologies… on se pose des questions, nous, minuscules vers de terre incultes. Et les réponses, pendant un week-end d'automne, nous sont apportées par les chercheurs eux-mêmes, qui nous ouvrent laboratoires et sites naturels et animent différents ateliers.

NUITS DES ÉTOILES

En août

Association française d'astronomie
afanet.fr

La tête dans les étoiles

Nez en l'air, au mois d'août, le Parisien s'initie à l'observation du ciel *via* des ateliers, des exposés et des rencontres, animés par des astronomes bénévoles. Un bon spot : le parc de La Villette et ses animations proposées par les médiateurs de la Cité des sciences.

Histoire

MÉMORIAL DE LA SHOAH

17, rue Geoffroy-l'Asnier, 4e • M° Pont-Marie • Tél. 01 42 77 44 72
Tous les jours sauf le samedi de 10h à 18h (22h le jeudi)
Visite guidée gratuite le dimanche à 15h

memorialdelashoah.org

Pour ne jamais oublier

S'attarder près du mur des Noms ou du Mémorial en forme d'étoile de David, c'est déjà s'imprégner d'une histoire que le musée, au sous-sol, raconte avec force. Deux galeries sont dédiées à l'évocation de la Shoah, depuis la montée du nazisme en Allemagne jusqu'au retour des déportés. Sont mis en perspective, face à face, des faits européens et leur résonance sur le territoire français : les mesures antisémites, la confiscation des biens juifs, la réaction des civils face la persécution… Tout est précis, sobre, appuyé par des photos et des documents filmés, et illustré par une vitrine murale où les objets témoignent : trois éditions étrangères de *Mein Kampf*, une tenue de déporté, des étoiles taillées dans une étoffe jaune que l'on achetait avec des tickets de rationnement textile.

ARÈNES DE LUTÈCE

Accès par le 49, rue Monge, par la rue de Navarre
ou par la rue des Arènes, 5e • M° Place-Monge
Ouvert de 8h au coucher du soleil

Revivre le temps des Romains

Vestige de l'époque gallo-romaine, ces arènes du Ier siècle, finalement assez peu visitées, rappellent que des gladiateurs s'affrontaient dans l'ancienne Lutèce, parfois devant plus de 17 000 spectateurs. Bien loin de ces luttes, c'est aujourd'hui un havre de paix retiré de la fureur en plein Paris.

MUSÉE DE LA PRÉFECTURE DE PARIS

Hôtel de Police du 5e arrondissement, 3e étage
4, rue de la Montagne-Sainte-Geneviève, 5e • M° Maubert-Mutualité
Tél. 01 44 41 52 50
Du lundi au vendredi de 9h30 à 17h,
et le 3e samedi du mois de 10h30 à 17h30

prefecturedepolice.interieur.gouv.fr,
rubrique Nous connaître > Services et missions

Police !

Qui n'aurait pas envie de voir de près un couperet de guillotine ? C'est vrai, il y en a un autre à la Conciergerie. Mais celui-ci a pour compagnons de vitrine des chaînes de forçat, des insignes de police, des armes de crime (du pistolet au rouleau à pâtisserie), des lettres de décret et des registres d'écrou en tout genre, dont celui qui envoya Ravaillac au supplice que l'on sait. Le tout présenté dans un site savoureux, l'hôtel de police du 5e arrondissement.

MUSÉE DU COMPAGNONNAGE

10, rue Mabillon, 6e • M° Mabillon • Tél. 01 43 26 25 03
Du lundi au vendredi de 14h à 18h

paris.compagnonsdutourdefrance.org, rubrique Rencontrer les compagnons

Trésors d'habileté

Les compagnons du Devoir de Liberté, auxquels ce petit musée est dédié, sont une société regroupant les métiers du bâtiment, notamment les charpentiers, les couvreurs, les ébénistes, les maçons, les tailleurs de pierre... Lesquels se lancent, en fin d'apprentissage, dans un tour de France qui doit avoir pour issue la réalisation d'un chef-d'œuvre. Les ouvrages en modèle réduit exposés ici en sont, avec leurs noues ou leurs guitardes sophistiqués à l'extrême. Soit des charpentes, des escaliers à courbes, des chaires à prêcher et des flèches d'église hautes comme le bras.

MUSÉE DE LA LÉGION D'HONNEUR ET DES ORDRES DE CHEVALERIE

2, rue de la Légion-d'Honneur, 7e • M° Solferino • Tél. 01 40 62 84 25
Du mercredi au dimanche de 13h à 18h

musee-legiondhonneur.fr

Écrin secret pour décoration d'État

Le monde des décorations ressemble à une galerie de bijoux : de petites étoiles rouges ou blanches, des croix en dentelle d'or, des animaux, des fleurs, des figures ornées de pierres précieuses et enchâssés dans de gros rubans artistiquement drapés. Ce musée-écrin assez inattendu est installé dans le palais de Salm, dont la façade a inspiré la Maison Blanche à Washington ! Tout y est si raffiné que même les gardiens ont pour les visiteurs des attentions de chambellans. Sous les tables-vitrines en acajou et laiton de style Empire, on fait glisser des tiroirs remplis d'insignes et de décorations, appartenant notamment aux ordres chevaleresques et religieux que les croisades ont inspirés avant que l'on n'invente des ordres du mérite à agrafer sur le plastron roturier de ceux qui se distinguaient par des actes de courage ou de générosité. Le tout est accompagné de reliques et de tenues de cérémonie.

CHAPELLE NOTRE-DAME DE LA MÉDAILLE MIRACULEUSE

140, rue du Bac, 7e • M° Sèvres-Babylone • Tél. 01 49 54 78 88
Ouvert tous les jours de 7h45 à 13h et de 14h30 à 19h

chapellenotredamedelamedaillemiraculeuse.com

Pèlerinage illuminé

Des sœurs en cornettes, des touristes en goguette et des anonymes comme illuminés de bonheur sortent d'une impasse, menant à une chapelle plus que fréquentée. C'est ici en effet que Catherine Labouré a reçu la visite de la Vierge, qui lui aurait remis une médaille miraculeuse, aujourd'hui recherchée par des milliers de pèlerins venus chaque année du monde entier.

Un site et une appli pour ne jamais s'ennuyer !

Du tir-à-l'arc, une boum en plein air, un festival de ciné, des démonstrations de roller : tout cela a peut-être lieu dans votre quartier et vous ne le savez pas. Heureusement, la mairie de Paris a inventé le site Que faire à Paris qui répertorie toutes les activités, conférences et autres concerts, date par date. Et comme un plaisir n'arrive jamais seul, le site comporte une rubrique "Gratuit" quotidiennement mise à jour qui vous donnera tous les bons plans du moment. Bonne nouvelle : une appli est désormais disponible (gratuite bien entendu !).

quefaire.paris.fr

MUSÉE DU GÉNÉRAL LECLERC DE HAUTECLOQUE ET DE LA LIBERATION DE PARIS – MUSÉE JEAN-MOULIN

23, allée de la 2e-DB, jardin Atlantique (au-dessus de la gare Montparnasse), 15e • M° Montparnasse-Bienvenue
Tél. 01 40 64 39 44
Ouvert du mardi au dimanche de 10h à 18h

museesleclercmoulin.paris.fr

La Libération à Montparnasse

Créé à l'occasion du cinquantenaire de la Libération de Paris, le Mémorial du général Leclerc de Hauteclocque rassemble les collections du fonds historique de la fondation du maréchal Leclerc et le legs d'Antoinette Sasse, une amie de Jean Moulin. Ce musée fait vivre en parallèle le souvenir de deux figures de la Seconde Guerre mondiale et du quartier de Montparnasse, Leclerc et Moulin. La muséographie plutôt sobre évite le kitsch des reconstitutions et privilégie les souvenirs de guerre (messages codés, tracts, affiches de propagande, photos de batailles…) et une salle de projection de quatorze écrans plonge le visiteur au cœur de l'insurrection et de la Libération de Paris. Nouveauté 2015 : une table interactive sur la Libération de Paris et une nouvelle scénographie.

ARCHIVES DE PARIS

18, boulevard Sérurier, 19e • M° Porte-des-Lilas • Tél. 01 53 72 41 23
Ouvert le lundi de 13h30 à 17h30,
du mardi au vendredi de 9h30 à 17h30 et le samedi de 9h30 à 17h

archives.paris.fr

Créer son arbre généalogique for free

Les Archives de Paris mettent à votre disposition en ligne environ 6 millions d'images, sources généalogiques et documents iconographiques pour remonter dans la Grande Histoire, mais aussi la vôtre pour compléter "votre arbre". Vous trouverez aussi en ligne (canadp-archivesenligne.paris.fr) les tables décennales et les registres d'actes de l'état civil de 1860 à 1902, ainsi que les fichiers alphabétiques de l'état civil reconstitué du XVIe siècle à 1859. En revanche, les actes d'état civil reconstitués, qui couvrent quatre siècles d'histoire des familles, ne sont pas numérisés. Ils sont actuellement consultables en salle de lecture sous forme de microfilm boulevard Sérurier.

Pour les curieux tous azimuts

PAROLES AU CENTRE POMPIDOU

Place Georges-Pompidou, 4e • M° Rambuteau • Tél. 01 44 78 12 33

Agenda sur centrepompidou.fr, rubrique Agenda > Paroles
Réservation paroleaucentre@centrepompidou.fr

Attention pépites

Environ une à deux fois par semaine, le Centre Pompidou programme des conférences sur des sujets très variés, souvent en lien avec la programmation du musée et les expositions en cours. Le cycle "Paroles" prend en réalité la suite de la célèbre "Revue parlée" qui avait tant d'adeptes. Barthes et le cinéma, Autour de l'écrivain Michel Ragon, L'Encyclopédie des guerres de Jean-Yves Jouannais sont autant de thèmes que vous pourrez exploiter, gratuitement, dans différentes salles du centre. Pour certaines interventions, les places sont chères et il est conseillé de réserver par mail.

UNIVERSITÉ PERMANENTE DE PARIS

Programme et adresses dans les mairies d'arrondissement
ou sur **paris.fr**

Formulaire d'inscription à télécharger sur paris.fr, et dossier complet à remettre avec pièces justificatives au centre d'action sociale le plus proche (en juin)

Retourner à la fac après 25 ans

À l'heure où les "actifs" somnolent derrière leurs ordinateurs, nos seniors suivent avec une passion juvénile des conférences gratuites sur la santé, la littérature, la communication, le droit, Paris...

L'ENTREPÔT

7, rue Francis-de-Pressensé, 14e • M° Pernety • Tél. 01 45 40 07 50

lentrepot.fr

Savoir en stock

Si on mange bien aussi (mais en payant) à l'Entrepôt, les nourritures de l'esprit, elles (lectures, hommages, soirées poétiques...), la scène slam, les matchs d'improvisation théâtrale, les récitals, expositions et la plupart des conférences sont souvent gratuites.

LA MAISON DES MÉTALLOS

94, rue Jean-Pierre-Timbaud, 11e • M° Couronnes • Tél. 01 48 05 88 27

maisondesmetallos.org

Culture démocratique

Cette étonnante maison a déjà eu deux vies. Elle fut d'abord une fabrique d'instruments de musique à la fin du XIXe siècle (de cuivres exactement), puis, à partir de 1936, un abri pour la section métallurgie de la CGT (d'où son nom). Depuis son rachat par la Ville de Paris, elle assume sans complexe sa vocation artistique et plurielle, avec peut-être comme un fond de préoccupation sociale puisque la plupart de ses animations n'excèdent pas le tarif très démocratique de zéro euro, zéro centime. Comme ces rencontres publiques qui, plusieurs fois par mois, mettent sur le devant de la scène un thème pointu et des intervenants qui ne le sont pas moins, chercheurs en sciences humaines, biologistes, historiens de l'art...

LE CENTQUATRE

104, rue d'Aubervilliers ou 5, rue Curial, 19e • M° Riquet
Tél. 01 53 35 50 00
Du mardi au vendredi de 12h à 19h, le week-end de 11h à 19h

104.fr

Joyeux et moderne

Magnifiquement installé sous l'immense verrière des anciennes pompes funèbres municipales, le Centquatre propose de nombreuses manifestations et activités culturelles gratuites, ponctuelles ou régulières. Selon vos envies, vous pourrez assister à des répétitions de compagnies de danses urbaines, prendre des cours de qi gong ou de wutao (voir p. 103), participer à des bals populaires, découvrir les installations d'artistes contemporains, voir des expos...

Écouter de la musique

KIOSQUES EN MUSIQUE

Renseignements au 3975 ou sur **quefaireaparis.fr**
De mai à octobre

Jouer aux chaises musicales

Un concert gratuit dans un jardin public, c'est un jeu de chaises musicales grandeur nature : comment mettre la main sur l'un de ces transats métalliques que les promeneurs brusquement fatigués s'arrachent ? Comment le conserver ? Comment s'approprier celui que le voisin a reconverti en repose-pieds ? La chaise de jardin est pourtant l'instrument indispensable pour apprécier au mieux les quelque 400 concerts d'été donnés dans les kiosques parisiens, charmantes structures métalliques chères aux paysagistes anglais du XVIIIe siècle. Tous les genres musicaux y sont pratiqués : on se laissera bercer ou réveiller, c'est selon, par une danse de joie médiévale donnée au square Lambert, par l'harmonie des cheminots officiant au parc Georges-Brassens ou, au parc Montsouris, par une joyeuse Banda Municipal Musica de Camarena.

Vive Paris l'été !

Dans tout Paris, un festival de spectacles populaires et parfois gratuits, donnés dans les parcs, les jardins, les squares, les musées et même la rue.

Paris Quartiers d'été
Programme des spectacles gratuits au 01 44 94 98 00
ou sur quartierdete.com

France Musique organise tous les ans, durant deux semaines en août, des concerts publics et gratuits dans la cour de l'hôtel d'Albret.

Concerts dans la cour de l'hôtel d'Albret
Programme sur francemusique.fr
31, rue des Francs-Bourgeois, 4e • M° Saint-Paul

Tous les étés, la Fnac s'installe sur les berges de la Seine et propose l'un des meilleurs festivals de musiques actuelles possible. 30 concerts en quatre jours en juillet pour tous !

Fnac Live Festival
Programme sur fnac.com

LA DÉFENSE JAZZ FESTIVAL

Du lundi au vendredi de 12h à 14h et de 18h à 20h,
le week-end de 20h à minuit, fin juin-début juillet

Renseignements au 01 47 29 30 33 ou sur la page du festival :
https://fr-ca.facebook.com/ladefensejazzfestival

Swinguer sous la Grande Arche

De jeunes talents donnent des concerts de salsa, de rythm'n'blues, de jazz... et quelques formations célèbres se produisent en fin de soirée. Sur le parvis de La Défense, près de la fontaine Agam.

FESTIVAL RHIZOMES

Fin juin-début juillet
18e arrondissement

Renseignements sur
festivalrhizomes.fr/programme.html

La Butte en musique

Concerts gratuits et en plein air dans les squares et jardins du 18e arrondissement. Programmation variée, de la fanfare à la conque jusqu'au free musette.

Alleluiah ! Les concerts dans les églises

La solennité du lieu, l'acoustique, la beauté incitent toujours à une écoute recueillie des concerts gratuits donnés dans les lieux de culte. Une aubaine pour le mélomane qui n'aura que l'embarras du choix...

Lors de ses "Mardis musicaux", des artistes viennent librement proposer leur programme que le public vient tout aussi librement écouter.

Église Saint-Roch
296, rue Saint-Honoré, 1er • M° Pyramides
Tél. 01 42 44 13 26 • paroissesaintroch.fr
Le mardi de 12h30 à 13h15

Ses concerts gratuits du dimanche après-midi sont désormais des rendez-vous bien établis. Cette église s'est spécialisée dans la musique sacrée, classique ou plus contemporaine. Au programme Bach, Haendel, Franck...

Église Saint-Eustache
2, impasse Saint-Eustache, 1er • M° Châtelet
Tél. 01 42 36 31 05 • saint-eustache.org
Le dimanche de 17h30 à 18h

À l'heure où certains dînent, d'autres se rendent à l'église, et pas n'importe laquelle, Notre-Dame de Paris, pour assister à des auditions d'orgue gratuites.

Notre-Dame de Paris
6, place du Parvis-Notre-Dame, 4e • M° Cité
Tél. 01 44 41 49 99 • musique-sacree-notredamedeparis.fr
Le samedi à 20h

Juste à côté du Centre Pompidou, cette église programme depuis plus de trente ans des récitals de piano, des quatuors ou trios à cordes, des chœurs et parfois des concerts de musique du monde.

Église Saint-Merri
76, rue de la Verrerie, 4e • M° Châtelet
Tél. 01 42 71 93 93 • accueilmusical.fr
Le samedi à 20h et le dimanche à 16h

Derrière ses colonnes au profil grec se donnent, plusieurs dimanches par mois, des concerts d'orgue, des récitals, des prestations de chorales. L'entrée est libre, mais mettre la main au porte-monnaie, à la sortie, sera un geste élégant.

Église de la Madeleine
Place de la Madeleine, 8e • M° Madeleine
Tél. 01 44 51 69 00 • eglise-lamadeleine.com
Le dimanche et deux jours en semaine à 16h

Tous les jeudis à l'heure du déjeuner, des musiciens interprètent des grands classiques de Bach, Haydn, Tchaïkovski... À l'issue du concert, vous pourrez échanger avec les artistes autour d'un café-sandwich.

Église de la Trinité
Place d'Estienne-d'Orves, 9e • M° Trinité-d'Estienne-d'Orves • Tél. 01 48 74 12 77 • latriniteparis.com
Le jeudi de 12h50 à 13h30

Gospels et musique classique.

Cathédrale américaine
23, avenue George-V, 8e • M°Alma-Marceau
Tél. 01 53 23 84 00 • amcathparis.com
Le dimanche

PHILHARMONIE DE PARIS

221, avenue Jean-Jaurès, 19e • M° Porte-de-Pantin
Tél. 01 44 84 44 84
Du mardi au samedi de 12h à 18h, le dimanche de 10h à 18h
Accès libre à la médiathèque (Tél. 01 44 84 89 45)

philharmoniedeparis.fr

Tous les concerts de la Philharmonie...

Bon, on ne va pas vous faire de fausses joies... Les concerts de la toute nouvelle Philharmonie de Paris ne sont pas gratuits... Mais nombre d'enregistrements en direct oui, ainsi que de nombreuses autres ressources en ligne. Pour cela, il suffit d'être inscrit dans le réseau des bibliothèques de la Ville de Paris et de se connecter avec son identifiant. Très simple, complètement offert pour des heures de visionnage et d'écoute (560 concerts vidéo, 2000 concerts audio, 350 dossiers pédagogiques... et on en passe).

Haut de gamme dans les conservatoires

Les élèves du Conservatoire à rayonnement régional de Paris présentent régulièrement leurs travaux en public. Soit 250 manifestations musicales annuelles gratuites... Qui dit mieux ? Le Conservatoire national supérieur de musique et de danse de Paris, tout simplement, qui, avec 300 manifestations dans l'année, offre quasiment un concert quotidien de musique jazz ou classique dans de vrais auditoriums de 100 à 400 places. Et, sachant le niveau d'exigence requis à l'entrée du conservatoire, l'excellence de ces concerts est assurée. Le public peut aussi assister, toujours gratuitement, aux examens de fin d'année : programmes de piano, de clavecin, de saxo... Quelques spectacles de danse gratuits au cours de l'année.

Conservatoire de Paris
14, rue de Madrid, 8e • M° Europe
Tél. 01 44 70 64 00 • crr-paris.fr
Entrée libre dans la limite des places disponibles

Conservatoire national supérieur de musique et de danse de Paris
209, avenue Jean-Jaurès, 19e • M° Porte-de-Pantin
Tél. 01 40 40 45 45 • conservatoiredeparis.fr
Entrée libre ou sur réservation au 01 40 40 46 47

CITÉ INTERNATIONALE DES ARTS

18, rue de l'Hôtel-de-Ville, 4e • M° Pont-Marie • Tél. 01 42 78 71 72
Le lundi à 20h30

citedesartsparis.net

Invités du monde entier

Tous les lundis, des concerts sont programmés dans l'auditorium, une soirée musicale, classique, jazz ou folk, offerte par les musiciens étrangers provisoirement hébergés dans cette résidence d'artistes.

MUSIQUE EN MAIRIE

Mairie du 9e
Salle Rossini, 6, rue Drouot • M° Richelieu-Drouot
Tél. 01 71 37 75 09

jeunes-talents.org

Fanfare républicaine et plus si affinités

Un jeudi par mois, à 13h, la mairie du 9e accueille les jeunes talents du piano et offre un récital gratuit à tous ceux qui attendent, sans impatience aucune, l'heure de retourner travailler. N'arrivez pas trop tard, les 250 places affichent vite complet...
À noter, deux autres mairies proposent des programmations intéressantes : celle du 3e, rue Eugène-Spuller (M° Temple) et celle du 8e, 3, rue de Lisbonne (M° Saint-Augustin).

La musique est bonne dans les bars

À la nuit tombée, quand buveurs de café et amateurs d'apéro ont regagné leurs pénates, certains bars se métamorphosent en clubs, où écouter un concert de jazz ou de musique électro ne coûte strictement rien. Y consommer, tout ouïe, un petit verre est à peine plus cher.

Dans ce petit bistrot, Marcello gratte sa guitare chaque dimanche soir et c'est avec entrain que tout le monde entonne les grands classiques de la variété française que propose son répertoire. Ambiance chaleureuse et animée.

Le Cinquante
50, rue de Lancry, 10e • M° Jacques-Bonsergent
Tél. 01 42 02 36 83 • marcellosongsystem.free.fr

Tout de béton vêtu, L'International est devenu un lieu tendance, notamment grâce à sa programmation rock ultra-pointue. Pour les plus motivés, deux à trois concerts explosifs tous les soirs au sous-sol avec des groupes surexcités.

L'International
5-7, rue Moret, 11e • M° Ménilmontant • Tél. 01 42 02 02 05
linternational.fr

Ici, la scène centrale peut se transformer en piste de danse où lecteurs des Inrocks, étudiants modestes et touristes malins se laissent entraîner tant par du bon vieux rock que par le son de la nouvelle vague.

Le Motel
8, passage Josset, 11e • M° Ledru-Rollin • Tél. 01 58 30 84 68
lemotel.fr

Ça guinche à Paname !

Tous les soirs de mai à septembre, quand le temps le permet, le square situé en contrebas de l'Institut du monde arabe s'anime d'un drôle de spectacle : un bal à ciel ouvert, presque improvisé, qui mêle amateurs et aficionados de danse, particulièrement de tango. Autour d'une petite chaîne hi-fi, les couples se forment, toutes générations confondues. Certains s'entraînent très sérieusement, tandis que d'autres songent seulement à s'amuser.

Quai Saint-Bernard et square Tino-Rossi, 5e

Et depuis quelques années, chaque week-end durant l'été, un bal est organisé sur les berges du canal de l'Ourcq, perpétuant ainsi l'esprit guinguette. Rocks, tangos, salsa, musette et même hip-hop ou danse africaine : les bals sont l'occasion pour petits et grands de s'initier à toutes les danses lors de grandes après-midi festives en plein air...

L'été du Canal – Festival de l'Ourcq

Voir aussi p. 136.

Enfin, on guettera les bals organisés également sur les quais (voie Georges-Pompidou) ou au bassin de La Villette à l'occasion de Paris Plages.

Paris Plages

quefaire.paris.fr/parisplages

CONCERTS DE RADIO FRANCE

Maison de Radio France
116, avenue du Président-Kennedy, 16e
RER Avenue-du-Pdt-Kennedy

maisondelaradio.fr/billetterie

Musique au top et en public

Aussi gratuit qu'une heure de musique diffusée par le transistor, mais beaucoup plus live ! Ce sont les enregistrements publics d'émissions musicales, effectués sur un plateau ou lors d'un concert. La Maison de Radio France propose ainsi à ses auditeurs d'assister à des rencontres inédites avec des artistes venus d'horizons divers, réunissant sur un même plateau instrumentistes classiques, chanteurs de variété, jazzmen... parmi lesquels vous pourrez admirer de grands noms de l'actualité musicale mondiale. Côté concerts, si les événements des différentes formations (Orchestre national de France, Orchestre philharmonique, maîtrise et chœur de Radio France) sont payants, d'autres formules cette fois-ci gratuites vous sont proposées : concerts France Inter, concerts Privés France Bleu, concerts FIP. À vous de piocher selon vos goûts ! Les Parisiens amateurs de musique classique, jazz ou actuelle connaissent bien l'éclectisme et la saveur de ces programmes. Une seule condition pour en profiter : retirer les invitations une demi-heure au plus tard avant l'événement.

LES VOIX SUR BERGES

En juin, sur les rives du canal Saint-Martin, 10ᵉ • M° Jaurès

voixsurberges.com

Quand le canal fait le show

Le festival des Voix sur berges se déroule depuis vingt ans le long du canal Saint-Martin, le dernier dimanche de mois de juin. Cet événement est devenu au fil du temps incontournable pour des centaines de chorales et des milliers de chanteurs et constitue la seule vitrine régulière du chant choral amateur à Paris, avec la présence lors de la précédente édition de plus de 150 chorales.

LE POINT ÉPHÉMÈRE

200, quai de Valmy, 10ᵉ • M° Jaurès • Tél. 01 40 34 02 48

pointephemere.org

Centre de dynamiques artistiques

À ses pieds coule le canal Saint-Martin et quand le soleil est haut, sa terrasse engourdie de chaleur accueille les employés des environs. Le Point Éphémère s'est installé dans l'ancien magasin de matériaux de construction Point P, à l'initiative d'Usines éphémères, ce collectif qui transforme en espace artistique

temporaire les bâtiments en déshérence. D'emblée, un coup d'œil sur ses lignes Art déco, toutes de briques et de béton, ne coûte rien. À l'époque de sa vocation commerciale, ce dock presque nonagénaire abritait aussi un jardin d'enfants et une salle de bal, destinés à ses employés. Aujourd'hui, on se glisse avec bonheur dans la salle de concert pour vivre une expérience gratuite et dépaysante, on découvre des expositions d'art contemporain au rez-de-chaussée et on assiste à des spectacles de danse, conçus par des chorégraphes en résidence (une fois par mois environ).
Attention, seules les activités sont gratuites, les concerts – et les consos ! – restent payants.

PETIT BAIN

7, port de la Gare, 13e • M° Quai-de-la-Gare • Tél. 01 80 48 49 81
Ouvert du mercredi au samedi

petitbain.org

Plongée en eaux douces

Pour prendre une bouffée d'air frais après de longues heures de travail à la BnF toute proche, plongez dans ce Petit Bain de culture... Ouvert en 2011, ce drôle de bateau propose de la détente à tous les étages : dans les cales, la salle de concert offre une belle programmation éclectique ; sur le pont, le restaurant réjouit les papilles, tandis que le pont supérieur offre une terrasse végétale avec une vue imprenable sur la Seine. Des concerts en entrée libre sont très régulièrement organisés, sur le pont ou dans la salle de spectacle : pop, soul, folk ou rock, il y en a pour tous les goûts, il suffit de se jeter à l'eau !

Voir des films

FESTIVALS EN PLEIN AIR

Cinéma en plein air
Parc de La Villette, prairie du Triangle, 19e • M° Porte-de-Pantin
De mi-juillet à mi-août
lavillette.com

Cinéma au clair de lune
Tél. 01 44 76 63 00
De fin juillet à mi-août
forumdesimages.fr

Dans la chaleur de la nuit...

Tout Parisien équipé d'une polaire, d'une glacière, de deux ou trois amis cinéphiles et d'un compte en banque raplapla dispose du profil idéal pour fréquenter les festivals de cinéma en plein air dont Paris raffole en été. Ils sont bien sûr gratuits, le confort est modeste mais l'ambiance assurée. Le plus couru se déroule sur la prairie du Triangle, dans le parc de La Villette à 22h, extinction définitive du jour, place aux étoiles dans le firmament et aux stars sur grand écran gonflable – qu'importent les gamins qui piaillent, les voisins papoteurs et le spectateur de devant avec son gros bonnet rasta, pourvu qu'on ait l'ivresse d'un grand classique.
Autre rendez-vous moins connu, le Cinéma au clair de lune, organisé par le Forum des images, qui projette à 21h30 sur son écran itinérant un film parfois en adéquation avec le quartier choisi (French Cancan sur la butte Montmartre, c'est presque une évidence).

COURS DE CINÉMA AU FORUM DES IMAGES

Impasse Saint-Eustache, 1er • M° Châtelet • Tél.01 44 76 63 00
Le vendredi à 18h30

forumdesimages.fr

Comprendre le 7e art

Au Forum des images, on peut désormais se caler dans un confortable fauteuil pour suivre, à l'œil, le "cours" de cinéma du vendredi dispensé par un théoricien ou un historien du 7e art, un psychanalyste ou un sociologue, autour d'extraits de films portant sur une thématique déclinée toute l'année. Bon plan : avec un ticket de ciné, vous pouvez aussi visionner gracieusement plus de 5 000 films sur Paris (durant 2h maximum).

L'AUTRE ÉCRAN

Centre sportif Jean-Dam
17, rue Léopold-Bellan, 2e • M° Sentier • Tél. 01 42 36 48 70
Le 1er mardi du mois à 19h15, un jeudi et un vendredi par mois à 20h

toilesettoiles.fr

Débattre et découvrir de nouveaux genres

Sur le principe du cinéma de quartier, donc accessible et populaire (celui-ci s'installe dans un centre sportif connu des riverains), L'Autre Écran propose chaque mois trois séances gratuites de courts et moyens-métrages et de documentaires. Un projet mené par l'association Toiles & toiles qui s'adresse à un public non cinéphile, plus amateur du "petit écran" que du grand. Chaque séance est suivie d'un débat en présence des réalisateurs.

BIBLIOTHÈQUE PUBLIQUE D'INFORMATION

Centre Georges-Pompidou
1, rue Beaubourg, 4e • M° Rambuteau • Tél. 01 44 78 12 75
Du lundi au vendredi de 12h à 22h (sauf le mardi),
le samedi et le dimanche de 11h à 22h

bpi.fr • catalogue.bpi.fr/cinema

Des milliers de docus en accès libre

Le visionnage d'un documentaire ressemble ici à une confortable soirée télé, la redevance en moins, grâce à des milliers de documents numérisés à regarder sur l'un des dix postes à grand écran, aménagés pour deux personnes. Alors, aujourd'hui, ce sera *Assouan, le haut barrage* ou *Je me souviens* d'après Perec.

PORTES OUVERTES DE LA FÉMIS

6, rue Francœur, 18e • M° Lamarck-Caulaincourt • Tél. 01 53 41 21 00

Date de la prochaine journée Portes ouvertes sur **femis.fr**

Nouvelle vague

La Fémis est une école de cinéma installée dans les anciens studios Pathé. Sa journée Portes ouvertes annuelle est l'occasion de pénétrer librement dans un espace chargé de souvenirs (ah, sa grille estampillée Pathé et son escalier à double révolution), de visiter des plateaux de tournage et des espaces de montage, mais aussi de visionner tout ce que ses jeunes élèves produisent comme films d'études.

ASSISTER À DES ENREGISTREMENTS D'ÉMISSIONS TÉLÉVISÉES

S'inscrire sur **emissions-tv.com**, **casting-events.com**, **TF1.fr,** etc.

De l'autre côté de l'écran

Vous avez toujours voulu savoir comment s'enregistrait une émission de télé ? Vous avez envie de voir "en vrai" les animateurs que vous aimez, de sentir l'excitation autour d'invités célèbres ? Inscrivez-vous pour faire partie du public de certains plateaux (Le Petit Journal, Tout le monde en parle, La Grande Librairie) – on en passe et des meilleurs – car tout est question de goût. Prévoyez de respecter certaines consignes notamment vestimentaires, et du temps – certains enregistrements peuvent durer extrêmement longtemps...

Au théâtre ce soir

On pense souvent qu'aller au théâtre coûte cher. La preuve que non – et ce, que vous soyiez plutôt Shakespeare, stand up ou comédie...

KIOSQUES JEUNES

Kiosque Jeunes Le Marais
14, rue François-Miron, 4e • M° Saint-Paul • Tél. 01 42 71 38 76

Kiosque Jeunes Champ-de-Mars
CIDJ, 101, quai Branly, 15e • M° Bir-Hakeim • Tél. 01 43 06 15 38

Kiosque Jeunes Goutte d'Or
Centre musical Fleury Goutte d'Or-Barbara, 1, rue Fleury, 18e
M° Barbès-Rochechouart • Tél. 01 42 62 47 38

Renseignements sur paris.fr

À vous les bonnes invit' !

Vouloir admirer à l'œil Isabelle Huppert à l'Odéon, c'est peut-être ambitieux. Pourtant, si vous avez moins de 30 ans, tentez votre chance auprès des Kiosques Jeunes dont le service billetterie dispose régulièrement d'invitations pour des pièces de théâtre ou des séances de cinéma. Ou des salons grand public. Ou des manifestations sportives. Bref, ça dépend des jours et des arrivages. Alors, Huppert, pas sûr, mais un combat de sumos, peut-être.

CONSERVATOIRE NATIONAL SUPÉRIEUR D'ART DRAMATIQUE

2 bis, rue du Conservatoire, 9e • M° Bonne-Nouvelle
Tél. 01 42 46 12 91

cnsad.fr

Ils brûlent les planches par les deux bouts

Chaque fin d'année, les jeunes élèves des cours et des écoles de théâtre présentent en public un panel d'exercices ou un spectacle complet, dans une mise en scène assurée par leurs soins. Le public de ces spectacles est constitué de familles, d'amis ou de professionnels du théâtre, mais, dans bien des cas, il est possible d'y assister dans la limite des places disponibles. Par exemple, le Conservatoire national supérieur d'art dramatique présente des travaux et ateliers rassemblant les élèves sortants. Jouvet appelait ça "l'épreuve du feu". Les ateliers sont en général dirigés par des comédiens de la trempe des plus grands. Ouverts au public, ils sont souvent annoncés par voie de presse. Réservation sur le site de l'école.

MAISON DES PRATIQUES ARTISTIQUES AMATEURS

4, rue Félibien, 6e • M° Mabillon • Tél. 01 46 34 68 58

mpaa.fr

Loin du star system

Les musiciens du dimanche, les comédiens dans l'âme, les danseurs qui s'ignorent ont désormais leur fief : la Maison des pratiques artistiques amateurs, située dans l'auditorium de Saint-Germain (6e), qui prend le relais des conservatoires de quartier et permet aux adultes de vivre leur hobby à travers des ateliers de perfectionnement. À l'issue de ces ateliers qui durent quelques jours ou une poignée de semaines, les élèves présentent leurs travaux au public. D'où des spectacles d'amateurs, concerts, pièces chorégraphiques ou de théâtre entièrement gratuits. Mais aussi des débats, des conférences, et surtout une jolie banque de données qui répertorie les lieux de pratique parisiens.

RENCONTRES ET DÉBATS À LA COMÉDIE-FRANÇAISE

Place Colette, 1er • M° Palais-Royal-Musée-du-Louvre
Tél. 0825 10 16 80

comedie-francaise.fr

Pour se rapprocher des “Français”

Autour des spectacles programmés dans la célèbre maison, la Comédie-Française invite le public à rencontrer les auteurs, les comédiens ou les metteurs en scène. Et comme la Comédie-Française comprend trois salles de spectacle, la salle Richelieu, le Vieux-Colombier et le Studio-Théâtre, voilà qui promet trois fois plus de rencontres dans l’année.

LES SPECTACLES GRATUITS DU 14 JUILLET

Comédie-Française
Salle Richelieu, place Colette, 1er • M° Palais-Royal-Musée-du-Louvre
Tél. 0825 10 16 80

Opéra Garnier
Place de l’Opéra, 9e • M° Opéra • Tél. 0892 89 90 90

Opéra Bastille
Place de la Bastille, 12e • M° Bastille • Tél. 0892 89 90 90

Allonz’ enfants du théâtre et de l’opéra !

Chaque 14 Juillet, les Parisiens peuvent profiter des représentations gratuites données en matinée par de vénérables institutions comme la Comédie-Française, l'Opéra Garnier ou Bastille. Cette belle tradition motive tellement de monde que, pour gagner un strapontin, il est préférable de faire la queue dès le matin. Mais... ça ira, ça ira ! À noter (et c'est très chouette !) : les représentations sont précédées d'une Marseillaise qui peut surprendre ou ravir...

LA PISTE D'ENVOL AU THÉÂTRE DU ROND-POINT

2 bis, avenue Franklin-D.-Roosevelt, 8e • M° Franklin-D.-Roosevelt
Tél. 01 44 95 98 21

theatredurondpoint.fr

Écoutez et donnez votre avis sur les nouveaux textes

Parmi les centaines de textes qui lui parviennent chaque saison, le comité de lecture du Rond-Point en propose une vingtaine ayant retenu son attention, en lecture publique. Autant de rendez-vous pour mettre en lumière des écritures d'aujourd'hui, diverses et protéiformes. Il s'agit de donner leur chance à des pièces inédites, de contribuer à l'émergence de nouveaux auteurs, mais aussi de provoquer des rencontres entre des textes et des compagnies désireuses de les porter à la scène. Le spectateur est convié à entrer dans cette fabrique du théâtre, à s'associer à ces moments uniques de gestation de projets, de découverte d'écrivains d'aujourd'hui et d'équipes artistiques. Un laboratoire ouvert au public et aux professionnels à la recherche de spectacles en devenir.

THÉÂTRE DE FORTUNE

22 bis, rue Bobillot, 13e • M° Place-d'Italie
Pour recevoir le programme, inscrivez-vous sur
vaugouin.com/fortune

Des pièces gratos

Un mini-théâtre avec une programmation ponctuelle mais régulière, des sketches, des éclats de rire... et pas de billetterie. Ici, les représentations sont gratuites. Elles sont assurées par des comédiens amateurs qui mouillent leur chemise sur les planches depuis quelques mois ou, pour les plus coriaces, depuis près de vingt ans. Certains vendredis et samedis, à 21h.

Sortir tous les soirs à l'œil, c'est possible !

Des invitations gratuites pour des concerts, des pièces de théâtre, des stand up ? Tous les jours et toute l'année ? Pour les jeunes, les moins jeunes ? Ne cherchez plus, c'est sur le site billetreduc.com ! Cette mine de bons plans vous amènera aussi à découvrir de petites salles de spectacle, méconnues et sympathiques – ainsi que de nouveaux talents prometteurs. Et dans le même genre : billetgratuit.com ou lylo.fr (concerts seulement).

billetreduc.com

CENTRE NATIONAL DU THÉÂTRE

134, rue Legendre, 17e • M° La Fourche
Tél. 01 44 61 84 85 (pôle Documentation)
ou 01 44 61 84 98 (pôle Audiovisuel)

cnt.jlbinfo.info/jlbweb

Un lieu où vit le théâtre

C'est la Mecque parisienne de l'information théâtrale : un centre de documentation de 7500 ouvrages (annuaires, guides pratiques, textes dramatiques), une vidéothèque de plus de 4000 titres et même des rendez-vous personnalisés pour connaître les meilleures formations théâtrales ou se faire expliquer l'aspect juridique du monde de la scène. Mais c'est aussi un lieu où la Rencontre se vit en majuscule, avec des réalisateurs qui projettent leurs documentaires sur le théâtre, des écrivains qui viennent promouvoir une biographie de comédien, ou des acteurs assurant la lecture de textes dramatiques. Le tout proposé gratuitement.

LES SCÈNES OUVERTES ET LES STANDS UPS

Café Oscar
155, rue Montmartre, 2e • M° Grands-Boulevards • Tél. 01 42 21 09 61

Théâtre de la Main d'Or
15, passage de la Main d'Or, 11e • M° Ledru-Rollin • Tél. 01 43 38 06 99

Parisiens, levez-vous et riez !

On a tous envie certains soirs de se marrer, de découvrir de nouvelles têtes... Les scènes ouvertes où se produisent de jeunes artistes – parfois plusieurs par soir – sont une bonne manière de se détendre sans claquer un rond... Le Café Oscar et le théâtre de la Main d'Or en sont (mais il y en a d'autres, Paris est en train de rattraper New York sur ce terrain...). Attention, si l'entrée est gratuite, ce qui est dans votre verre ne l'est pas... Programmes et lieux à suivre sur des sites comme billereduc.fr (voir p. 92).

LOGE DE SARAH BERNHARDT

Théâtre de la Ville
2, place du Châtelet, 4e • M° Châtelet • Tél. 01 42 74 22 77

theatredelaville-paris.com

Rendre visite à un monstre sacré

Il reste certes bien peu de chose de l'appartement occupé par Sarah Bernhardt au cœur du théâtre de la Ville dont elle fut la directrice. Juste un périmètre gros comme le poing, où les admirateurs se rendent le cœur battant, émus de frôler la vasque de toilette de la tragédienne, sa baignoire tub, son sofa orné de deux sphinx en guise d'accoudoirs et sa vitrine pleine de souvenirs. La visite, gratuite, est accordée pendant l'entracte aux heureux spectateurs de la représentation en cours, mais aussi, et c'est là que l'on se frotte les mains, à toute personne qui en fera la demande auprès du régisseur. Uniquement sur rendez-vous.

3

EN FORME, AU NATUREL ET EN BEAUTÉ

« La beauté commence au moment où vous décidez d'être vous-même. »

Coco Chanel

Faire du sport

PISTES ET CENTRES SPORTIFS D'ATHLÉTISME DE PARIS

3975 ou paris.fr

Courir sur pistes

Certes, ça ne coûte pas un penny aux amateurs de course à pied de trotter sur le bitume à petites foulées. Oui, mais sur une piste d'athlétisme, une vraie, qui vous ferait l'enjambée élastique et souple, c'est gratuit aussi, si vous utilisez à titre individuel les pistes d'athlétisme de 24 centres sportifs municipaux (voir Points Sport Découverte Nature, p. 100). Il suffit de s'y rendre en dehors des créneaux réservés aux associations et aux écoles.

COMITÉ DE LA RANDONNÉE PÉDESTRE D'ILE-DE-FRANCE

ffrandonnee.fr

Les randos dans le vent et les autres

Toute l'année, le comité organise des randonnées gratuites dans tout Paris, qui sont plus que des balades – de véritables explorations de la ville. Certaines sont carrément des défis sportifs, mais d'autres permettent de suivre un groupe à un rythme de promenade plaisant. Elles sont le plus souvent gratuites ou à participation symbolique. Alors, consultez le site !

TERRAINS DE FOOT DE PARIS

3975 ou paris.fr

Taper dans le ballon

Moins onéreux que le manège, le ciné ou le parc d'attractions : le match de foot ! À pratiquer en toute liberté dans les interstices de la ville et pour pas un (ballon) rond. L'amateur de crampons n'a pas son pareil pour dénicher à Paris les centres sportifs équipés d'un stade, souvent en bordure du périphérique, où improviser un match aux côtés des clubs et des associations. Mais aussi les city stades, ces petits terrains de rue polyvalents pour équipes très réduites où l'on se fait vite des copains.

Se trouver des coéquipiers

C'est trop triste de courir seul ou de n'avoir pour partenaire de tennis que le mur d'en face. Pour se trouver des coéquipiers, on se connecte donc à la plateforme meetup.com (de l'anglais meet up, faire connaissance), qui permet à ses membres de rencontrer des groupes unis par une proximité géographique et un intérêt commun, et notamment le sport (la marche, par exemple, le yoga ou le circuit training en extérieur).

meetup.com

POINTS SPORT DÉCOUVERTE NATURE

Le dimanche de 9h à 12h, sauf jours fériés, vacances d'été et de Noël

3975 ou sur paris.fr

Bougez vos fesses, de bon matin

Dimanche, 9h du mat', l'heure de la messe et de la rosée sur les pelouses. On peut choisir d'aller prier à Notre-Dame-de-Lorette et/ou de communier avec la nature en se rendant dans les parcs et jardins municipaux pour une séance gratuite de remise en forme. Ne vous attendez pas à deux ou trois mouvements de tai-chi à accomplir lentement entre deux massifs, mais à de véritables séances collectives de gymnastique et de footing, animées par des animateurs sportifs qualifiés (assouplissement, jogging, renforcement musculaire...). Il existe 15 points Sport Découverte Nature dans Paris où pratiquer l'une ou l'autre de ces activités. Formulaire d'inscription sur le site paris.fr pour bénéficier du Pass Sport Découverte annuel.

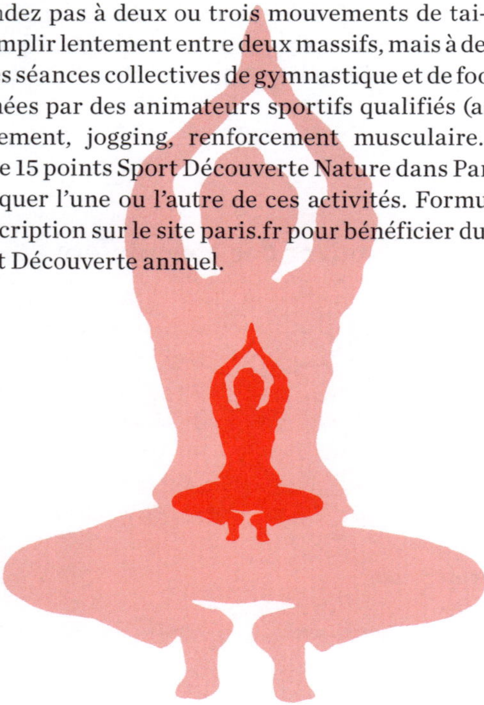

RANDONNEURS D'ILE-DE-FRANCE

92, rue du Moulin-Vert, 14e • M° Alésia • Tél. 01 45 42 24 72
Se rendre rue du Moulin-Vert ou sur **rifrando.asso.fr** pour demander le programme des 15 prochains jours

La meilleure façon de marcher

Ces vaillants marcheurs usent leurs souliers sur des centaines de kilomètres par an. Chaque mois, près de 150 randonnées sont organisées en Ile-de-France. Mais avant d'investir dans des chaussures à double membrane Gore-Tex, tâtez le terrain en profitant d'une randonnée d'essai gratuite.

GYM SUÉDOISE

Cours gratuits : sur le site, rubrique Planning, cocher "Gratuit" dans les critères de recherche

gymsuedoise.com

Pour être aussi bien gaulée qu'une fille du Nord

Une séance de gym suédoise dure en moyenne une heure. Les participants se placent en cercle autour de l'animateur et enchaînent les mouvements en suivant le rythme de la musique. Chaque cours comprend un échauffement, des exercices cardio suivis de phases de récupération active pour préparer le corps aux efforts plus soutenus, du renforcement musculaire avec des exercices statiques et dynamiques, des étirements et pour finir… une minute de détente. C'est vraiment sympa (vive le disco !) et efficace (on finit vidé de toute tension) et les différents niveaux proposés permettent d'adapter l'effort à la forme de chacun.

Randonner en roller ou à vélo

Lors des Rando roller du vendredi avec Pari Roller, trois heures de glisse gratuite vous attendent, lors de la plus importante randonnée organisée à Paris. Départ le vendredi à 22h à Montparnasse, retour trois heures plus tard, soit une balade de 25 à 30 km.
Plus d'informations sur pari-roller.com

Le Roller Squad Institut vous donne rendez-vous tous les week-ends pour des balades à roulettes : le samedi pour la Rando Paris Passion et le dimanche après-midi pour la Rando Roller École, une balade plus familiale. Départ de la place du marché Saxe/Breteuil (7e). Protège-poignets et genouillères obligatoires.
Plus d'informations sur rsi.asso.fr

Rendez-vous tous les vendredis soir, pour une randonnée gratuite dans les rues de Paris. Attention, ne pas se mélanger les pinceaux : cette randonnée n'a rien à voir avec celle en roller programmée le même soir de la semaine (voir ci-dessus). Mais comme elle, elle est encadrée de staffeurs et accompagnée par un véhicule de la Croix-Rouge. Désormais, plus de 500 Parisiens enfourchent leur biclou chaque semaine et découvrent régulièrement de nouveaux quartiers de Paris.
Paris Rando Vélo
Durée 2h15 • Parcours de 20 à 24 km
Le vendredi à 21h30 et le 3e dimanche du mois à 10h30
Rendez-vous devant l'Hôtel de Ville
parisrandovelo.fr

TENNIS DE TABLE DANS LES JARDINS PUBLICS

Liste des adresses au 3975 ou sur paris.fr

Ping, au bon endroit

Inutile de chercher à caser une table de ping-pong sur le balcon de votre 50 m². Les squares et les jardins de Paris proposent en libre accès plus d'une centaine de tables. Et, en bonus, des dizaines et des dizaines de partenaires disponibles.

LE CENTQUATRE

104, rue d'Aubervilliers ou 5, rue Curial, 19e • M° Riquet
Tél. 01 53 35 50 00
Un week-end par mois à 11h et 12h15 • Durée : 1h

104.fr

Zen séances de qi gong et wutao

Au Centquatre, un week-end par mois, sont proposées des séances de qi gong, une pratique traditionnelle chinoise impliquant des visualisations mentales et des exercices corporels, ainsi que de wutao, pour une "prise de conscience du mouvement ondulatoire de la colonne vertébrale". Pour une initiation sans frais à ces pratiques ancestrales et efficaces pour le corps et l'esprit.

BAPTÊME DE PLONGÉE

Piscine Bertrand-Dauvin
12, rue René-Binet, 18e • M° Porte-de-Clignancourt
Tél. 07 81 15 33 27 (club Léo-Mare)
Le vendredi à partir de 19h30

leo-mare.org

Gagnez votre palme d'or

Ceux qui rêvent d'éprouver leur première sensation sous-marine se jetteront à l'eau ! En effet, le club de plongée Léo-Mare les invite à s'initier gratuitement à la plongée sous-marine. Palmé, masqué, harnaché d'un scaphandre autonome, vous descendrez dans les 3,50 m de profondeur de la piscine pour quelques minutes de Grand Bleu en compagnie d'un animateur spécialisé.

ESPACE GLISSE DU STADE DES FILLETTES

54, boulevard Ney, 18e • M° Porte-de-la-Chapelle
Tél. 01 40 38 80 50

Liste des installations au 3975 ou sur paris.fr

À fond les rollers (et le skate) !

Des rampes, des modules et des bowls en accès libre et gratuit, dans les squares, stades et jardins publics de Paris, pour les férus de roller et de skate. Entre autres, à l'espace de glisse du Stade des Fillettes : 3 000 m^2 couverts où les amateurs de roller, de skate et de BMX accèdent, gratuitement, à des zones *bowls* ou *street* (reproduisant le mobilier urbain, rampes, escaliers...). Pour les plus expérimentés, un *funbox*, logé dans le creux d'une ancienne piscine. Accès libre et prêt de matériel.

Se mettre au jardinage et à la botanique

MAISON DU JARDINAGE

Parc de Bercy
41, rue Paul-Belmondo, 12e • M° Bercy • Tél. 01 53 46 19 19

Beaux balcons et culture bio

La Maison du jardinage est le lieu idéal pour qui cherche à s'épanouir dans l'art d'accommoder les plantes vivaces sur son mètre carré de balcon. Outre des conférences et des ateliers pratiques mensuels gratuits, la Maison dispense des conseils horticoles pour tous, notamment sur le jardinage biologique.

TROC MAIN VERTE

Parc de Bercy
3 dimanches dans l'année (printemps, été, automne) à 10h30
Renseignements à la Maison du jardinage (voir ci-dessus)

Donnez vos choux, pas vos sous

Le Troc Main verte, bourse d'échange de plantes, s'adresse aux cultivateurs en rebord de fenêtre et aux jardiniers sur balcon – c'est-à-dire à tous ces Parisiens étroitement logés mais amoureux de la petite graine qui monte et de la verdure qui pousse. Ils troqueront avec passion des bulbes précieux, des graines rares, des semis, des boutures et des conseils avisés. On peut aussi venir avec ses pots, ses outils, ses livres et revues de jardinage.

RENDEZ-VOUS AUX JARDINS

Programme sur
rendezvousauxjardins.culturecommunication.gouv.fr

La folie des plantes

Deux jours de folie verte, en juin, pendant lesquels on peut gratuitement découvrir tout ce que Paris compte de verdure : visites privilégiées dans les jardins privés, sauvages ou secrets de la capitale, démonstrations d'apiculture, ateliers de jardinage, parcours ludiques ou culturels, concert-apéro au milieu des vignes de Montmartre, balade à vélo d'un jardin à l'autre... Les visites guidées sont effectuées par des conférenciers et des jardiniers de la direction des Parcs, jardins et espaces verts de la Ville de Paris.

JARDINS PARTAGÉS

Adresses des jardins partagés sur paris.fr

Lopins urbains à partager

Le "jardin partagé" n'a pas pour but principal de nourrir son homme, même si l'on y plante, sème et bêche avec plaisir, ravi de consommer sa propre récolte de fruits et légumes, et d'y pratiquer en général une culture à caractère biologique. Ces jardins de proximité ont la particularité d'être cultivés et entretenus par des collectifs d'habitants réunis au sein d'associations de quartier. Sur la cinquantaine de jardins partagés que compte Paris aujourd'hui, certains attribuent aux riverains des micro-parcelles de terre où chacun produit ce que bon lui semble, fraises ou menthe poivrée, d'autres sont cultivés collectivement. Il y a les jardins sérieux aux allées bétonnées et les arpents sauvages où les habitants du quartier montent une rocaille, essaiment quelques nains de jardin, invitent les enfants des écoles voisines à sarcler leurs petits plants de radis. Et ils ont de bien jolis noms : "Potagers des Oiseaux" dans le 3ᵉ, "Jardin du P'tit Bol d'Air" ou "Papilles et Papillons" dans le 20ᵉ... Le développement et l'accompagnement des jardins partagés sont assurés à Paris par le programme Main verte, et il n'est pas rare que la ville elle-même fournisse le grillage, installe un point d'eau, livre la terre ou les cailloux des allées. Mais les jardins partagés, qui s'établissent aujourd'hui là où la cité a créé du vide, urbain et social (au pied d'un immeuble, entre deux grands ensembles, sur un terrain en friche...), ont surtout pour vocation d'être des lieux d'échanges et de rencontres entre habitants d'un même quartier. Les associations rivalisent d'idées pour que le lieu s'anime, même une fois les râteaux rangés dans la cabane à outils. On y programme un grand nombre d'animations en accès libre, des pique-niques, des fêtes de quartier, des concerts, des installations artistiques, des séances de cinéma en plein air ou des "cafés botaniques" à vocation pédagogique.

ARBORETUM DE L'ÉCOLE DU BREUIL

Bois de Vincennes
50, route de la Pyramide, 12e • RER Joinville-le-Pont
puis 10 minutes à pied • Tél. 01 53 66 14 00

Dans le secret des arbres

L'arbre a son musée vivant, l'arboretum. Là, l'élève jardinier échappé des salles de cours attenantes et l'amateur de nature – qui ne croiseront guère ici que quelques amoureux, une famille de fouines et deux écureuils – viennent étudier la diversité des espèces, les conifères, les tilleuls, les chênes... Ils savent désormais que chaque arbre a son secret : le mélèze a des vertus purgatives, l'arbre à caramel répand une odeur sucrée quand on froisse ses feuilles à l'automne, mais pas le sapin bleu, dont les aiguilles pâles, malencontreusement écrasées, taquinent plus désagréablement les narines.

JARDIN DES SERRES D'AUTEUIL

3, avenue de la Porte-d'Auteuil, 16e • M° Porte-d'Auteuil
Tous les jours à partir de 8h ou 9h,
fermeture entre 18h et 20h30 selon la saison

Promenade exotique

On oublie souvent ce jardin qui est pourtant l'un des plus beaux de la capitale. Pépinière sous Louis XV, il produit les 100 000 plantes et fleurs qui décoreront les bâtiments municipaux de Paris. Ouvrez grand vos poumons et respirez le lilas des Indes. Dans cette verdure bien peignée, on visite le palmarium, l'orangerie, le jardin méditerranéen, le jardin à l'anglaise... Et, immanquable au milieu de ces merveilles, la grande serre avec sa structure métallique allégée signée Jean-Camille Formigé.

JARDIN D'AGRONOMIE TROPICALE

Bois de Vincennes
45 bis, avenue de la Belle-Gabrielle, 12e • M° Château-de-Vincennes
Tél. 01 55 78 19 85 • Ouvert tous les jours

paris.fr

Jardin d'ailleurs et d'hier

Ce jardin de 4,5 hectares est l'héritier du jardin colonial, expérimenté en 1899 pour mener des recherches sur les végétaux exotiques. Cacaoyers, vanilliers, bananiers y sont alors cultivés sous serre, puis expédiés sur différents sites de production. Après l'Exposition coloniale de 1907, le jardin est abandonné et ses installations se dégradent. Il fait aujourd'hui l'objet d'un programme de réhabilitation et d'entretien. On y pénètre par une porte chinoise, vestige des "villages" laotiens et vietnamiens de l'Exposition coloniale. Si plus aucune végétation tropicale ne subsiste, restent des serres, une bambouseraie, une végétation riche et surtout une atmosphère particulière dont la Ville de Paris entend conserver le caractère intime.

JARDIN ALPIN

Accès par le Jardin des plantes, 36 rue Geoffroy-Saint-Hilaire, 5e
M° Gare-d'Austerlitz
Du lundi au vendredi de 8h à 16h50, le samedi de 13h30 à 18h
et le dimanche de 13h à 18h30

jardindesplantes.net

Comme en montagne

Comment faire pousser et prospérer ancolies, bleuets, chardons bleus et edelweiss en plein Paris ? C'est le défi que relèvent depuis 1931 les jardiniers du Jardin alpin, une enclave cachée et magnifique du Jardin des plantes. On y accède *via* l'école de botanique. Passé un souterrain (le jardin alpin se situe à trois mètres en contrebas afin de créer un relief accidenté), vous voici dans un parc bien différent des sages perspectives du reste du Jardin des plantes : on débouche entre le massif des Cévennes et celui des pré-Alpes. Sur la gauche, les rochers des Alpes. Le long de la ménagerie, voici les rochers des Balkans et de la Méditerranée ; au fond, les massifs de la Corse et du Caucase, puis ceux du Japon et de la Chine, d'Amérique du Nord et enfin des Pyrénées. Une promenade vraiment insolite et dépaysante.

Ateliers dans les grands magasins

Vous êtes libre le samedi matin ? Parfait ! Le Castorama le plus proche de chez vous organise des castostages, rendez-vous gratuits où l'on apprend, entre bricoleurs du quartier, quelques techniques utiles : la pose d'un carrelage ou d'un lambris en bois, les peintures à effets, la plomberie de base... Avant de recourir à un architecte d'intérieur aux conseils coûteux, soumettez donc vos idées déco à l'animateur.

Castostages
Le samedi de 9h30 à 11h30
Liste des magasins et programmes sur **castorama.fr**

Un mercredi par mois, le BHV Marais se transforme en atelier « Savoir faire » et propose des ateliers gratuits pour inspirer et faciliter le quotidien : rencontre avec des blogueuses malignes, ateliers DIY en tout genre, trucs & astuces à gogo !

BHV Marais
Renseignements et programme sur le site,
rubrique Événements
36, rue de la Verrerie, 4e • M° Saint-Paul • bhv.fr

Certaines activités proposées par la chaîne Nature et Découvertes sont parfois gratuites pour le public (elles le sont souvent pour les adhérents).

Nature et Découvertes
Renseignements et programme sur le site,
rubrique Activités et Événements
natureetdecouvertes.com

Spécial filles

ATELIER INTERNATIONAL DE MAQUILLAGE

9 ou 13, rue de la Pierre-Levée, 11e • M° République
Du lundi au vendredi à 13h30
Se présenter sur place entre 13h et 13h30 ou contacter l'école *via* sa page Facebook Atelier Maquillage Paris Modèles

ateliermaquillage.com

Relooking express

Les élèves de cet atelier ont besoin de modèles de tout âge et de tout genre et sont aussi à l'aise dans le maquillage glamour (à conserver jusqu'au soir, pour faire des ravages en boîte de nuit) que dans les effets en trompe-l'œil propres au cinéma ou aux arts de la scène. Vous repartez avec une photo de l'œuvre (vous) et un maquillage plus léger si le look "œil au beurre noir" vous semble difficile à assumer. Séance gratuite de trois heures environ.

Ils coiffent à l'œil : les trainings et centres de formation

Ici, on effectue sur les chevelures un vrai travail de coupe. Vous pourrez choisir votre nouvelle tête dans le book des collections. Passez d'abord un coup de fil pour préciser vos envies et décrocher un rendez-vous. Une "participation au vestiaire" de 5 € est bienvenue.

Un soir par semaine, dans tous les salons Maniatis, c'est la fête pour celles qui ne savent plus quoi faire de leur tête. Mais attention, présentez-vous au salon pour prendre rendez-vous pour que les coiffeurs examinent votre nature de cheveux...

Salons Jean-Marc Maniatis
35, rue de Sèvres, 6e • M° Sèvres-Babylone • Tél. 01 45 44 16 39
12, rue du Four, 6e • M° Saint-Germain-des-Prés • Tél. 01 46 34 79 83
57 avenue Franklin-D.-Roosevelt, 8e • M° Franklin-D.-Roosevelt • Tél. 01 47 23 30 14
Galeries Lafayette, 9e • M° Chaussée-d'Antin-La Fayette • Tél. 01 42 82 07 09

Ici, pour bénéficier d'une coupe ou d'une couleur gratuite, il faut avoir entre 15 et 35 ans, avoir du temps (une bonne demi-journée) et manifester un attrait certain pour l'esprit Toni & Guy. Coupes chic et british, du super classe au presque trash à négocier avec les coiffeurs professionnels venus ici se perfectionner.

Toni & Guy Academy
1, place André-Malraux, 1er • M° Palais-Royal-Musée-du-Louvre ou Pyramides • Tél. 01 40 20 15 93
Rendez-vous du lundi au mercredi de 9h à 14h
Formulaire à remplir sur toniandguy.fr/toni-guy-academy/etre-modele

MAQUILLAGE AUX GALERIES LAFAYETTE

40, boulevard Haussmann, 9e • M° Chaussée-d'Antin-La-Fayette
Du lundi au samedi de 9h30 à 19h30 (20h en été), le jeudi jusqu'à 21h

Métamorphosez-vous !

Quand, sur le stand d'une grande marque de produits de beauté (Chanel, par exemple, on a testé), un maquilleur professionnel vous prend en main, le résultat peut provoquer deux réactions : l'étourdissement devant ce visage glamour qui est pourtant le vôtre et/ou l'achat compulsif des produits utilisés. Mais, à la base, le service, qui peut durer une heure, est gratuit.
Et aussi : les maquilleurs super pro des boutiques MAC ou Bobby Brown se feront un plaisir de vous relooker pour le plaisir... ou presque.

INSTITUT DE FORMATION EN MASSO-KINESITHÉRAPIE ET PÉDICURE

15, rue Nicolau • 93400 Saint-Ouen • M° Carrefour-Pleyel
Tél. 01 48 74 15 54
Du lundi au vendredi de 9h à 12h et de 13h à 19h
Uniquement pendant l'année scolaire
Prendre rendez-vous 1 mois à l'avance
Gratuit mais pourboire aux élèves bienvenus

ecoledanhierdepodologie.fr

Soins d'élite pour pieds fatigués

Dans cette école de très bon niveau, les élèves prodiguent avec douceur et sous la surveillance de leurs professeurs des soins de qualité : on coupera et fraisera vos ongles, vos cors disparaîtront, on soignera vos mycoses et on finira de toute façon par une bonne hydratation... Il faut compter 1h30 voire 2h pour un soin : on bosse sérieusement ici ! Il est aussi possible de prendre un rendez-vous pour un examen clinique en vue de faire des semelles orthopédiques, ou un rendez-vous en orthoplastie (pour des séparateurs d'orteils par exemple).

Une nouvelle garde-robe sans faire chauffer la carte bleue

Et si on arrêtait d'acheter sans cesse des objets, des vêtements, des trucs et des bidules ? En se posant un peu, on se rend vite compte qu'il est possible de pratiquer le troc, et pas seulement entre amis. Une jolie façon de protéger la planète et d'économiser. Si même le prix du top à bretelles de chez Zara vous semble atteindre des sommets, il est temps, pour rafraîchir votre garde-robe, de revenir à la bonne vieille méthode du troc de fringues. Cette chouette occupation de filles est carrément tendance, comme le sont les petits réseaux entre amis et la circulation des bonnes affaires.

Mode d'emploi : prévenir bien à l'avance les copines prêtes à changer de panoplie (et faisant approximativement la même taille), installer dans l'appartement des portants mobiles et des cintres, faire le vide dans le salon pour tout répartir par catégorie (jeans, pulls, accessoires...), préparer une vraie collation et réserver la chambre aux essayages.

4

ZÉRO EURO POUR LES MARMOTS

« Tout enfant est en quelque façon un génie, et tout génie un enfant. »

Arthur Schopenhauer

PETITS ATELIERS DU MERCREDI

L'Antenne culturelle/Fonds régional d'art contemporain
22, cours du Septième-Art, 19e • M° Jourdain
"Petits ateliers du mercredi" de 14h30 à 16h
Sur inscription au 01 76 21 13 45

Le Plateau, 22, rue des Alouettes, 19e • M° Jourdain
"Petits rendez-vous du samedi" de 14h30 à 15h30
Sans inscription, se présenter à l'accueil 5 minutes avant

fraciledefrance.com

Élaborer une œuvre avec un artiste contemporain

L'Antenne, l'espace pédagogique du Frac, est décidément un lieu plein d'imagination : lors des "Petits ateliers du mercredi", les 6-12 ans apprennent à manipuler les images et les sons. C'est gratuit, mais comme il s'agit de cycles thématiques, un engagement sur quatre ou six séances est demandé. Du côté du Plateau (le centre d'art du Frac), les "Petits rendez-vous du samedi" entraînent les joyeux garnements dans une visite guidée et commentée (parfois de façon inattendue) des œuvres exposées. C'est gratuit aussi, on vient quand on veut et les parents en profitent pour découvrir (toujours gratuitement) l'exposition en cours.

Enfin, ce n'est pas tous les jours qu'un écolier peut côtoyer un artiste contemporain et participer avec lui à l'élaboration d'une œuvre d'art inoubliable. C'est pourtant ce que propose aux enfants le Fonds régional d'art contemporain (Frac) d'Ile-de-France pendant les vacances scolaires, lors de stages de deux jours, résolument gratuits.

LA MAISON DES PETITS

Le Centquatre
104, rue d'Aubervilliers ou 5, rue Curial, 19e • M° Riquet
Tél. 01 53 35 51 21
Du mardi au vendredi de 15h à 18h,
les samedi et dimanche de 14h à 19h

104.fr

Un refuge pour créer et rêver

C'est beau comme une garderie, couleurs pimpantes et matériel à gogo, et aussi excitant qu'un musée. Mais ce n'est ni l'un ni l'autre. Abrité sous la verrière du Centquatre, voici un lieu en accès libre, scénographié par la designer Matali Crasset, où les moins de 5 ans (inclus) sont invités à faire leurs premiers pas d'amateurs d'art. À quatre pattes ou plus hardi sur deux jambes, on peut, au choix, se lover dans la "carapace", capsule modulaire à trois étages, s'isoler dans de petits "champignons" protecteurs, gagner la "maison perchée" dédiée aux plus grands ou se lancer dans une entreprise de coloriage et de manipulations. Les artistes en résidence au Centquatre viennent régulièrement, en voisins, proposer au jeune public des ateliers d'initiation à l'art contemporain.

ATELIERS DU SAMEDI MATIN

Pour les enfants de 6 à 12 ans, le samedi de 8h45 à 11h45
(hors vacances scolaires)
Dans les écoles ou les équipements sportifs de proximité

Renseignements au 3975, sur **paris.fr**
ou dans les mairies d'arrondissement

S'amuser, même à l'école

Junior, 7 ans, n'a pas classe le samedi matin. Faudra-t-il donc lui financer une jeune et onéreuse baby-sitter ? Pas la peine, puisque la Ville de Paris accueille un samedi sur deux les élèves des classes élémentaires dans des ateliers découverte et multisport, organisés sous la houlette d'animateurs spécialisés qui ne vous réclameront pas un kopeck. Le programme est alléchant : cirque, théâtre, photo, musique, calligraphie, jeux informatiques, animations autour de l'environnement, visites culturelles… ou, pour les sportifs, jeux de ballon, sports collectifs ou individuels. Allez donc leur faire aimer le dimanche après ça.

CONTES ET HISTOIRES DANS LES MONUMENTS PARISIENS

Renseignements au 01 44 61 21 50
ou sur **monuments-nationaux.fr**

S'il te plaît, conte-moi Paris

Pendant les vacances de Noël, le programme Contes et Histoires invite les jeunes de moins de 18 ans à écouter des visites contées et à participer des ateliers créatifs dans les plus beaux monuments parisiens (le Panthéon, l'Arc de Triomphe, les tours de la cathédrale Notre-Dame de Paris…). Entrée et animations gratuites.

CLASSIQUE AU VERT

Parc floral
Route de la Pyramide, 12e • M° Château-de-Vincennes
Le week-end à 16h en août et septembre
Gratuit pour les moins de 7 ans (5 € en plein tarif)

classiqueauvert.paris.fr

Goûter la musique dans les fleurs et en famille

Écouter Debussy en comptant les papillons, laisser Saint-Saëns bercer sa sieste sur une verte pelouse… Dans la nature très fauréenne du Parc floral, Classique au vert pianote du récital à l'orchestre symphonique, et les morceaux interprétés ont des noms qui s'accordent au décor : Prélude à l'après-midi d'un faune, Les Quatre Saisons… Destiné au public familial, ce programme musical a même son festival off : rencontres avec les artistes, présentations d'instruments, mini-concerts…

LES PESTACLES AU PARC FLORAL

Parc floral
Route de la Pyramide, 12e • M° Château-de-Vincennes
Le mercredi de juin à septembre
Gratuit pour les moins de 7 ans

lespestacles.fr
Renseignements sur parisjazzfestival.fr/11/ateliers

Grand festival pour petites oreilles

Il se donne sous l'aile blanche du Delta, ce kiosque métallique posé dans le Parc floral, près du lac aux canards. Tous les mercredis d'été, les enfants, accompagnés par leurs parents, ont rendez-vous avec la musique, le théâtre, la magie, les clowns, les marionnettes, le cirque... et le samedi, dans le cadre du Paris Jazz Festival, sont organisés de nombreux ateliers (à effectifs limités) pour s'initier à la fabrication d'instruments de musique, aux sonorités du monde, etc.

L'HEURE DU CONTE

Bibliothèques municipales
Programme sur **paris-bibliotheques.org**
ou dans le magazine *En vue* à retirer (gratuitement) dans toutes les bibliothèques de Paris ou à télécharger sur le site paris.fr

Des histoires, encore et encore...

Les bibliothèques jeunesse de Paris (une soixantaine) offrent toutes régulièrement à leurs jeunes lecteurs (même les plus minots, d'un an à peine) de jolis programmes gratuits de contes, d'histoires lues, de spectacles d'ombres chinoises ou de marionnettes. Les parents aussi ont le droit d'écouter (comment résister à *Quand j'étais petite... j'étais pas grande* ou *Tromboline et Foulbazar* ?).

BIBLIOTHÈQUE JEUNESSE DE LA CITÉ DES SCIENCES ET DE L'INDUSTRIE

30, avenue Corentin-Cariou, 19e • M° Porte-de-La-Villette
Tél. 01 40 05 83 35
Du mardi au dimanche de 12h à 18h45

Programme des animations sur
cite-sciences.fr/bibliotheque-bsi/jeunesse

Tout sages, tout ouïe

Ces tout jeunes gens qui, il y a quelques minutes encore, menaçaient de rendre chèvre un régiment de parents, sont maintenant assis sagement sur leur petit gradin moquetté de bleu. Ils participent sans bouger un cil aux séances gratuites de contes et aux lectures d'albums que propose l'espace jeunesse de la bibliothèque à la Cité des sciences. Ils retourneront ensuite comme des anges vers les petites chaises aux oreilles de Mickey pour se plonger dans quelque BD scientifique ou consulter un petit film sur écran, dans l'espace CD-rom. À moins qu'ils ne décident de participer à l'un des nombreux ateliers scientifiques et rigolos organisés sur place.

Et aussi, les **Séances des Shadoks**, la salle de cinéma dédiée aux enfants. Les mercredis, les week-ends et pendant les vacances scolaires, des séances de cinéma sont organisées autour de très bons films, classiques ou non, dans une programmation intelligente, en lien avec l'actualité. À noter aussi que la vidéothèque des lieux permet de visionner gratuitement plus de 1000 films seul ou à deux.

LES ENFANTS DU DANUBE

29, boulevard d'Algérie, 19e • M° Danube • Tél. 01 42 06 83 98
Le mercredi de 16h30 à 18h30, le vendredi de 14h30 à 18h30, le samedi de 10h à 13h et le dimanche de 14h à 17h

cafedesenfantsdanube.blogspot.fr

Partager des joies simples

Enseigner à sa vieille maman plus que trentenaire les rudiments du jeu d'échecs, monter un circuit de train en bois ou faire faire sur mesure une robe de mariée pour sa poupée... Voici les petites choses merveilleuses qui peuvent arriver à un enfant une fin d'après-midi automnale, dans ce drôle de café. Et sans pour autant faire cracher son cochon rose en porcelaine. Les Enfants du Danube est un café associatif et culturel qui accueille joyeusement les enfants du quartier et leurs parents, mais aussi ceux qui viennent de plus loin. Dans les deux salles meublées d'armoires à l'ancienne, tout est en accès libre : les livres, les jeux, les jouets... Il arrive que des mamans bénévoles organisent au débotté un atelier de travaux manuels pour occuper ceux qui veulent bien s'asseoir avec elles à la grande table de travail. Seuls les consommations (pas obligatoires) et quelques ateliers régulièrement programmés sont payants. Ni garderie ni centre de loisirs, ce café est juste un lieu de pause où chacun vit sa vie, avec les autres, ou dans sa bulle.

FERME DE PARIS

Bois de Vincennes
1, route du Pesage, 12e • M° Maisons-Alfort
Le week-end de septembre à juin, tous les jours (sauf lundi) en juillet-août ; de 13h30 à 17h30 ou 18h30 selon la saison

Renseignements au 3975 ou sur paris.fr

Pour découvrir la vie à la campagne

Bienvenue à tous les Parisiens qui pensent que le poulet est un petit bâtonnet de viande blanche enrobé de chapelure. Ils découvriront ici que c'est une boule de plumes montée sur deux petites pattes, laquelle vit au grand air avec ses copains, les brebis, les chèvres, les vaches, les lapins… La Ferme de Paris, anciennement ferme Georges-Ville (du nom de son fondateur), est une véritable exploitation agricole de cinq hectares, en lisière de Paris, qui vit au rythme des saisons : en mars, on découvre les nouveau-nés du mois, agneaux, veaux, canetons ; le premier dimanche de juillet, on assiste aux moissons. Et chaque jour, brebis, chèvres et lapins reçoivent leur pitance à 15h30. Un grand moment de pédagogie…

PARC FLORAL

Route de la Pyramide, 12e • M° Château-de-Vincennes
Ouvert tous les jours de 9h30 à 18h30 en hiver, 20h en été

Gratuit pour les moins de 7 ans

Renseignements au 3975 ou sur paris.fr

Une journée à jouer (sans dépenser)

Collines herbues dédiées aux roulades, château stylisé réalisé en gros pavés, maisonnettes de bois sous les grands arbres, toboggans, balançoires, structures à escalader, dans ce grand jardin, tout est bon pour se défouler... On aime tout particulièrement le “tour amazone” qui propose une grande glissade de 6 m de haut, et la “balade insolite”, chasse aux trésors pédagogique dans le parc. Complétons enfin la visite par ces quelques lieux dévolus à l’apprentissage et à la pédagogie : la biblio-ludothèque et ses 6000 ouvrages à consulter sur place, le jardin des papillons qui recrée sous serre la vie mode d’emploi (ponte, éclosion et métamorphose) du Vulcain et du Robert le Diable, et le pavillon des expositions.

BERCY VILLAGE

Cour Saint-Émilion, 12e • M° Cour-Saint-Émilion • Tél. 0825 166 075
Chasse au trésor une fois par mois, de mars à juin
et en septembre-octobre, le mercredi de 15h à 17h
Inscription sur place
Réservé aux enfants de 3 à 11 ans accompagnés d'un adulte

bercyvillage.com

Chasser les trésors et les dragons

Alors, je serais Indiana Jones ou Albert Einstein, ou Harry Potter, ou Tistou les Pouces Verts... À l'ombre de la Cinémathèque française, dans les ruelles pavées de la cour Saint-Émilion, Bercy Village entraîne les enfants dans des chasses au trésor gratuites au printemps et en automne. Pendant les vacances scolaires, les minots ont droit également à des ateliers gratuits sur des thèmes souvent en lien avec les fêtes du calendrier et du monde : Halloween, Noël, le "Printemps des poètes", la "Fête du jeu", la rentrée scolaire, "Lire en fête"... Et, pour chaque occasion, les enfants jouent, décorent, poétisent, cuisinent, expérimentent, dessinent, jardinent. On peut amener les parents, ils ne demandent que ça.

JARDIN D'ACCLIMATATION

Bois de Boulogne
45, avenue du Mahatma-Gandhi, 16e • M° Les Sablons
Tél. 01 40 67 90 85
Tous les jours de 10h à 19h,
jusqu'à 20h les week-ends, jours fériés et vacances scolaires

Gratuit pour les moins de 3 ans

jardindacclimatation.fr

Pas la ruine pour les petits

Au Jardin d'acclimatation du bois de Boulogne, l'entrée est gratuite pour les moins de 3 ans. Et ensuite, vive le labyrinthe des miroirs déformants, le petit théâtre de Guignol, la pataugeoire, les pelleteuses miniatures, l'aire musicale, l'accès aux animaux et le jardin de Séoul...

JARDIN DES VENTS ET DES DUNES

Parc de La Villette
211, avenue Jean-Jaurès, 19e • M° Porte-de-Pantin
De novembre à mars, mercredis, week-ends, jours fériés et tous les jours pendant les vacances scolaires de 10h à la tombée de la nuit ; d'avril à octobre, tous les jours de 10h à 20h

villette.com

Sauter, courir et se balancer en liberté

De l'extérieur, on entend des cris d'enfants joyeux. À l'entrée, quelques poussettes font la queue. Un tandem de gros bras surveille les arrivées, repère les mouflets qui doivent laisser poussette, trottinette ou vélo au vestiaire. On redoute donc le pire... le ticket payant. Mais non, ce jardin, situé au cœur du parc de La Villette et bien équipé en structures répondant aux différentes tranches d'âge, est tout ce qu'il y a de plus gratuit. Pour les petits : démarrage en flèche vers les boudins gonflables, utilisation acharnée du tapis d'eau, des pneus-balançoires et des éoliennes à pédales, expérimentations diverses avec le boulier géant et les ponts de corde. Et pour les plus grands, tyroliennes et vagues de coussins d'air. Pendant ce temps, maman dort d'un œil sur son transat.

JARDINS PASSAGERS

Parc de La Villette
211, avenue Jean-Jaurès, 19e • M° Porte-de-Pantin
De mai à septembre, le samedi et le dimanche de 15h à 19h
(départ des promenades commentées à 17h)

villette.com

Édens pédagogiques

C'est juste derrière le Jardin des vents et des dunes, on ne peut pas se tromper. Dans ces petits édens pédagogiques bruissent 3000 m² de fleurs sauvages, de fruits extraordinaires, de poules et d'insectes. On prendra le temps d'observer les formes rigolotes des légumes anciens ou de se renseigner sur les différentes méthodes de culture biologique. Les Jardins passagers sont ouverts au public à la belle saison. Possibilité de flâneries solitaires, à la Jean-Jacques Rousseau, mais pour qui veut en savoir plus, des promenades commentées sont assurées gratuitement.

AQUARIUM DE LA VILLETTE

Cité des sciences et de l'industrie
30, avenue Corentin-Cariou, 19e • M° Porte-de-La-Villette
Du mardi au samedi de 10h à 18h et le dimanche jusqu'à 19h

cite-sciences.fr

Ô les beaux poissons !

Où voir gratuitement un véritable aquarium avec son bataillon de gueules glabres qui baillent derrière la vitre ? Dans les restaurants chinois, certes, mais encore ? Au 2e sous-sol de la Cité des sciences, au niveau des restaurants. Là trône un vaste aquarium du Sud où les poissons corses, sardes et tunisiens ondoient dans l'eau de mer de synthèse, entre de gros faux rochers tandis que flore et faune reconstituent ce qu'un plongeur découvre en Méditerranée, à 50 m de profondeur.

ATELIERS SPORT DÉCOUVERTE

Le mercredi de 14h à 17h en période scolaire, de 9h à 12h et de 14h à 17h pendant les vacances scolaires

Renseignements au 3975 ou sur paris.fr

Pour nos futurs champions

Contrairement aux centres de loisirs du mercredi, ces ateliers sont radicalement gratuits. Une belle occasion d'occuper les enfants de 7 à 17 ans ou de les conduire doucement sur la voie des jeux Olympiques de... 2020. Le mercredi, des moniteurs spécialisés proposent une vingtaine de disciplines sportives : tennis, football, tir à l'arc, rink hockey, basket... Ces centres fonctionnent aussi pendant les vacances scolaires, du lundi au vendredi. Les jeunes Parisiens peuvent alors s'initier à l'escalade, à la plongée ou à l'équitation. Trop chère, la tenue de cavalier ? Mais non, même l'équipement est fourni gratuitement. Et l'assurance est prise en charge par la Ville de Paris. Pour s'inscrire et recevoir la carte "Pass'sport", se rendre directement au centre sportif de son choix avec un certificat médical, un justificatif de domicile et deux photos d'identité, accompagnés de la fiche d'inscription à télécharger sur paris.fr.

Vive le vent d'hiver

Chaque année, de décembre à début mars, la Ville de Paris installe plusieurs patinoires à ciel ouvert (la plus centrale étant place de l'Hôtel-de-Ville). La plupart sont gratuites (si vous êtes déjà en possession de vos patins). Juste à côté de ces pistes et ailleurs dans Paris, une vingtaine de manèges parisiens se mettent à la gratuité totale. Alors, pour zéro euro, c'est l'occasion de faire une chevauchée fantastique sur un cheval de bois ou une escapade à la Barbie dans un carrosse rose.

Patinoires et manèges gratuits
Renseignements sur paris.fr

L'esprit de Noël et de la vraie neige, blanche et frisquette, gagne aussi comme par miracle le stade Charléty. Dans ce lieu reconverti en station de sports d'hiver, les Parisiens, dûment emmitouflés, profitent d'installations ludiques et provisoires comme la piste de saut à ski, les "balades" en raquettes, la descente en rappel, le pont de singe, la tyrolienne, le jardin des neiges... L'entrée est gratuite, tout comme les activités. Certaines sont spécialement conçues pour les enfants handicapés.

Charléty sur neige
Stade Charléty, 99, boulevard Kellermann, 13^{e}
RER Cité-Universitaire
Du lundi au samedi de 13h30 à 18h30 pendant les vacances de Noël
Renseignements au 3975 ou sur paris.fr

LES DIMANCHES AU GALOP

Hippodromes de Longchamp et d'Auteuil
M° Porte-d'Auteuil (navettes gratuites pour l'hippodrome de Longchamp dès 11h30, retour à partir de 16h30)

dimanchesaugalop.com

Si Junior réclame un poney

L'équitation, c'est un investissement... alors on a trouvé pour vous le bon compromis. Embarquer Junior ou Juniorette sur un hippodrome parisien lors des "Dimanches au galop", de mi-avril à mi-mai. Là, tout est gratuit : le baptême de poney, le tour de manège de chevaux de bois, la visite des coulisses de l'hippodrome et des obstacles, l'entraînement aux sensations d'un jockey sur un cheval mécanique, les animations à thèmes, les jeux de plein air... Et en douce, papa en profite pour s'initier, toujours gratis, aux plaisirs du pari. Ça peut rapporter gros... ou pas.

PORTE DORÉE SPORTS

Pelouse de Reuilly, 12e • M° Porte-Dorée
En juillet, tous les jours de 13h à 20h

Renseignements sur quefaireaparis.fr

Paris plages off

Chaque année, la pelouse de Reuilly sort de sa hotte estivale des tonnes de sable et des infrastructures pour pratiquer le beach volley ou le beach soccer (football de plage), le sandball, mais aussi des vélos (BMX) et des pédalos enfant, un trampoline, des espaces pour pratiquer le tennis de table ainsi qu'un parcours dans les branches des arbres. Des randonnées par groupes de niveau sont également organisées. Toutes les activités sont encadrées par des professeurs titulaires d'un brevet d'État et, comme tout cadeau qui se respecte, elles sont entièrement gratuites. Seule une carte d'identité est demandée, ainsi qu'une autorisation parentale pour les mineurs.

L'ÉTÉ DU CANAL FESTIVAL DE L'OURCQ

Le long du canal de l'Ourcq
Juillet-août

Programme et renseignements sur tourisme93.com

À trois rames (de métro)

Pour réussir son dimanche familial au bord de l'eau sans toucher à l'héritage, prendre le métro jusqu'à Pantin ou Bobigny, rejoindre le canal de l'Ourcq, enfiler le bermuda et profiter de cette flottille de véhicules aquatiques que les deux municipalités mettent à la disposition des visiteurs : des canoës-kayaks, des pédalos format poche, des zodiacs pour enfants, des barques... On récupère auprès du stand-accueil une carte à points qui permet de s'initier gratuitement à chacune de ces pratiques nautiques. À Bobigny, entre deux coups de rames, on profitera aussi de toute cette ambiance festive répandue en accès libre sur le gazon du parc de la Bergère : séances de cirque, tours de manège, balades en poney... et prenant la navette fluviale et estivale qui rallie Bobigny depuis le bassin de La Villette, le trajet coûte encore moins cher qu'un ticket de métro.

BASE NAUTIQUE DE LA VILLETTE

41 bis, quai de la Loire, 19e • M° Laumière • Tél. 01 42 40 29 90
Adultes: le samedi de 9h à 12h et de 14h à 17h
(par créneau de 45 minutes)
12-17 ans: le mercredi de 9h à 12h et de 14h à 17h

Renseignements sur paris.fr

Ramer pour deux fois rien

La base nautique de La Villette embarque les Parisiens sur de frêles esquifs (canoës à deux places, kayaks individuels, avirons...) pour une séance d'initiation d'une heure sur le canal de l'Ourcq. On peut même s'y rendre en maillot, sans un centime en poche. Prévoyez quand même deux photos d'identité et un brevet de natation (de 25 m), pour ne pas déshonorer la devise de Paris, *Fluctuat nec mergitur*. Et n'oubliez pas le cadenas pour fermer le casier où vous rangerez vos affaires.

5

LA VIE MODE D'EMPLOI

« La vie est vraiment simple, mais nous insistons pour la rendre compliquée. »

Confucius

Consulter un avocat ou un notaire, monter sa boîte en bénéficiant de conseils et de formations, apprendre tous les secrets des derniers logiciels, trouver en deux minutes l'info pratique qui vous manque : toutes ces compétences mises à votre service gratuitement… un rêve ? Non, une réalité !

Ils ont vraiment réponse à tout !

Où trouver les horaires de la piscine ? L'adresse du centre d'animation le plus proche de chez vous ? Quelles pièces dois-je fournir pour faire établir ma carte d'identité ? Cessez de courir à droite et à gauche pour trouver les réponses. Parce que time is money, le 3975 centralise toutes les informations concernant la vie locale ou les services municipaux. Et si votre question laisse l'opérateur perplexe, il vous rappelle dès qu'il en sait plus. Sur le site paris.fr, les mêmes infos – en ligne et souvent en plus fouillées.

Centre d'appel 3975 et site paris.fr
Du lundi au vendredi de 8h à 19h, le samedi de 9h à 14h
Coût d'un appel local depuis un poste fixe

CONSEILS RÉGIONAUX DE L'ORDRE DES EXPERTS-COMPTABLES

Numéro vert : 0 8000 65 432
allo-impot.fr

SOS déclaration d'impôt !

Chaque année (mi-mai), les experts-comptables se mobilisent pour vous offrir une assistance gratuite pour remplir votre déclaration d'impôt sur le revenu. Soit par téléphone, soit lors de consultations gratuites et sans rendez-vous, dans les conseils régionaux de l'ordre des experts-comptables partenaires de l'opération. Consultations gratuites également au Barreau de Paris (voir ci-dessous).

BARREAU DE PARIS

Palais de justice, 4, boulevard du Palais, 1er • M° Cité
Du lundi au vendredi de 9h30 à 12h • Sans rendez-vous
Mairies d'arrondissement : prendre rendez-vous à l'accueil

Renseignements sur **paris.fr**

Comprendre pour mieux respecter les lois

Les avocats spécialisés du barreau de Paris assurent pour les Parisiens des permanences juridiques gratuites, avec ou sans rendez-vous, au Palais de justice et dans les 20 mairies d'arrondissement. On y traite des problèmes relevant du droit de la famille, du travail, du logement... Par ailleurs, à chaque printemps, le barreau de Paris reçoit bénévolement le contribuable prêt à s'arracher les cheveux devant sa déclaration d'impôt.

ÉCOLE DE NOTARIAT

10, rue Traversière, 12e • M° Gare-de-Lyon

Renseignements et prochain rendez-vous sur **notaires.fr**

Notaires à l'œil...

Les notaires sont de véritables alliés pour chacun – à toutes les étapes de la vie. Un jour par an, sur des thématiques qui donnent du fil à retordre à leurs concitoyens, une cinquantaine de notaires dispensent des conseils gratuits et anonymes. À Paris, la rencontre se passe à l'École de notariat. Extrêmement intéressants et utiles.

MAISONS DE LA JUSTICE ET DU DROIT

15-17, rue du Buisson-Saint-Louis, 10e • M° Belleville
Tél. 01 53 38 62 80
6, rue Bardinet, 14e • M° Plaisance • Tél. 01 45 45 22 23
16-22, rue Jacques-Kellner, 17e • M° Porte-de-Saint-Ouen
Tél. 01 53 06 83 40

paris.fr

Trouver les premières réponses à un litige

Chacune de ces précieuses MJD reçoit 10 000 personnes par an, qui viennent y chercher, auprès de conseillers en accès au droit, des indications sur les premières démarches juridiques à effectuer. On peut aussi y rencontrer le délégué du Médiateur de la République (voir p. 144). Les entretiens sont gratuits et anonymes. Un lieu idéal pour trouver une réponse en cas de petit litige civil. Sur rendez-vous uniquement.

ASSOCIATION DÉPARTEMENTALE D'INFORMATION SUR LE LOGEMENT

46 bis, boulevard Edgar-Quinet, 14e • M° Edgar-Quinet
Tél. 01 42 79 50 50

adil75.org

Mon logis : mes droits et devoirs

L'ADIL est une association loi 1901 qui dispense gratuitement des conseils juridiques en droit immobilier et habitation. Elle aide les propriétaires à résoudre les problèmes de copropriété ou d'impayés locatifs, renseigne les locataires sur leurs droits, assiste les candidats à l'achat par un diagnostic financier... Les conseillers de l'ADIL tiennent des permanences dans toutes les mairies d'une durée de 30 à 60 minutes, sur rendez-vous à des horaires variables selon les arrondissements.

MÉDIATEURS DE LA VILLE DE PARIS

MJD du 10e, 15-17, rue du Buisson-Saint-Louis • Tél. 01 53 38 62 80
MJD du 14e, 6, rue Bardinet • Tél. 01 45 45 22 23
MJD du 17e, 16-22, rue Jacques-Kellner • Tél. 01 53 06 83 40
PAD du 13e, 33, boulevard Kellermann • Tél. 01 55 78 20 56
PAD du 15e, 22, rue de la Saida • Tél. 01 45 30 68 60
PAD du 18e, 2, rue de Suez • Tél. 01 53 41 86 60
PAD du 19e, 53, rue Compans • Tél. 01 53 38 62 30
PAD du 20e, 15, cité Champagne • Tél. 01 53 27 37 40

Exclusivement sur rendez-vous

Renseignements sur paris.fr

La vraie solution, c'est la médiation...

En cas de litige avec un service de la Ville de Paris, le Parisien prendra son mal en patience et son dossier bien ficelé sous le bras, dans l'espoir de le résoudre à l'amiable. Si ses démarches dans le service concerné ont échoué, dernier recours (gratuit), le Médiateur de la Ville de Paris. Ses représentants assurent des permanences hebdomadaires dans les Points d'accès au droit (PAD) et dans les Maisons de la justice et du droit (MJD).

On peut aussi joindre le Médiateur par téléprocédure sur https://mediation.paris.fr/mediation ou en envoyant un courrier à l'adresse suivante :

Monsieur le Médiateur de la Ville de Paris, Mission de la Médiation, 100, rue Réaumur, 75002 Paris.

LE PARI SOLIDAIRE

Frais de cotisation annuelle à l'association : entre 250 et 350 €

leparisolidaire.fr

Pari gagnant

Cette association créée en avril 2004 soutient depuis plus de dix ans une idée ingénieuse : mettre en relation des jeunes à la recherche d'un logement et des seniors désireux de compagnie ou d'un complément de revenus. Avec plus de 2 300 cohabitations depuis sa création, c'est une référence en matière de logement intergénérationnel à Paris. Parrainée par le philosophe Frédéric Lenoir qui partage ses valeurs, l'action du Pari solidaire vise à entretenir et à retisser les liens intergénérationnels, tout en luttant contre l'isolement des seniors et en répondant au problème de la pénurie de logement rencontrée par les jeunes. Bref, une stratégie gagnant-gagnant !

TOIT CHEZ MOI

Toitchezmoi.com

Échange toit contre services

Dans le même esprit que le Pari solidaire s'est développé un autre réseau d'offres de logement, mais cette fois-ci ouvert à tous : Toit chez moi, c'est une chambre chez l'habitant, contre un ou plusieurs services rendus par le postulant. La formule associe donc le service d'hébergement et l'échange de savoirs entre particuliers (aide aux devoirs, musique, cours d'informatique, travaux d'entretien, mais aussi récupération d'enfant à la sortie de l'école, jardinage ou courses). Des offres existent sur toute la France mais aussi à Paris. Bon à savoir : le site peut prendre en charge (moyennant finances) la rédaction du contrat de bail, du règlement intérieur, du contrat de travail ou des fiches de salaires.

COMITÉ LOCAL POUR LE LOGEMENT AUTONOME DES JEUNES

1, rue Princesse, 6e • M° Mabillon • Tél. 01 45 84 77 34
Du lundi au vendredi de 9h à 12h30 et de 14h à 18h (17h le vendredi)

Permanence au CIDJ, 101, quai Branly, 15e • M° Bir-Hakeim
Tél. 01 44 49 12 00 • Le mardi de 13h à 17h

cllajparis.org

À tu et à toit

Le jeune est un Parisien de 18 à 29 ans, peu argenté, qui court comme des milliers d'autres à la recherche d'un toit. Le CLLAJ lui donne rendez-vous par téléphone, sur place ou le mardi dans les locaux du CIDJ pour l'aider gratuitement à optimiser sa recherche de logement et lui fournir les coordonnées de structures spécialisées.

CIDJ

101, quai Branly, 15e • M° Bir-Hakeim • Tél. 01 44 49 12 00

cidj.com

Des entretiens personnalisés avant le grand saut

Le Centre d'information et de documentation jeunesse, situé à deux pas de la tour Eiffel, accueille gratuitement et sans rendez-vous les jeunes depuis plusieurs dizaines d'années. Ils peuvent y rencontrer des professionnels pour s'informer sur l'orientation, l'emploi et la formation, les projets et initiatives, la vie pratique (droit, logement, santé), la culture et les loisirs, la mobilité en Europe et à l'international... Bref, un super bon plan pour prendre le temps de rencontrer des pros avant de prendre des (grandes) décisions.

MAISON DES INITIATIVES ÉTUDIANTES

50, rue des Tournelles, 3e • M° Chemin-Vert • Tél. 01 49 96 65 30
Le lundi de 14h à 22h, du mardi au vendredi de 10h à 22h, le samedi de 10h à 19h

Labo 13, 15, rue Jean-Antoine-de-Baïf, 13e • M° Bibliothèque-François-Mitterrand • Tél. 01 44 23 20 90
Le mardi et le vendredi de 11h à 19h, le mercredi et le jeudi de 13h à 21h, le samedi de 10h à 19h

mie.paris.fr • icietdemain.fr

Pour faire de ses idées des réalités

La MIE met à la disposition des étudiants qui souhaitent monter une association à but culturel, sportif ou solidaire, des salles de réunion ou de répétition, des postes de travail avec fax, photocopieuse, Internet, vidéo ou PAO (pour les journaux étudiants), une salle d'exposition, une formation à la conduite de projet et un festival artistique "Ici et demain" où montrer ses productions. L'adhésion à la MIE est gratuite ; il suffit d'avoir sa carte d'étudiant et un projet suffisamment avancé.

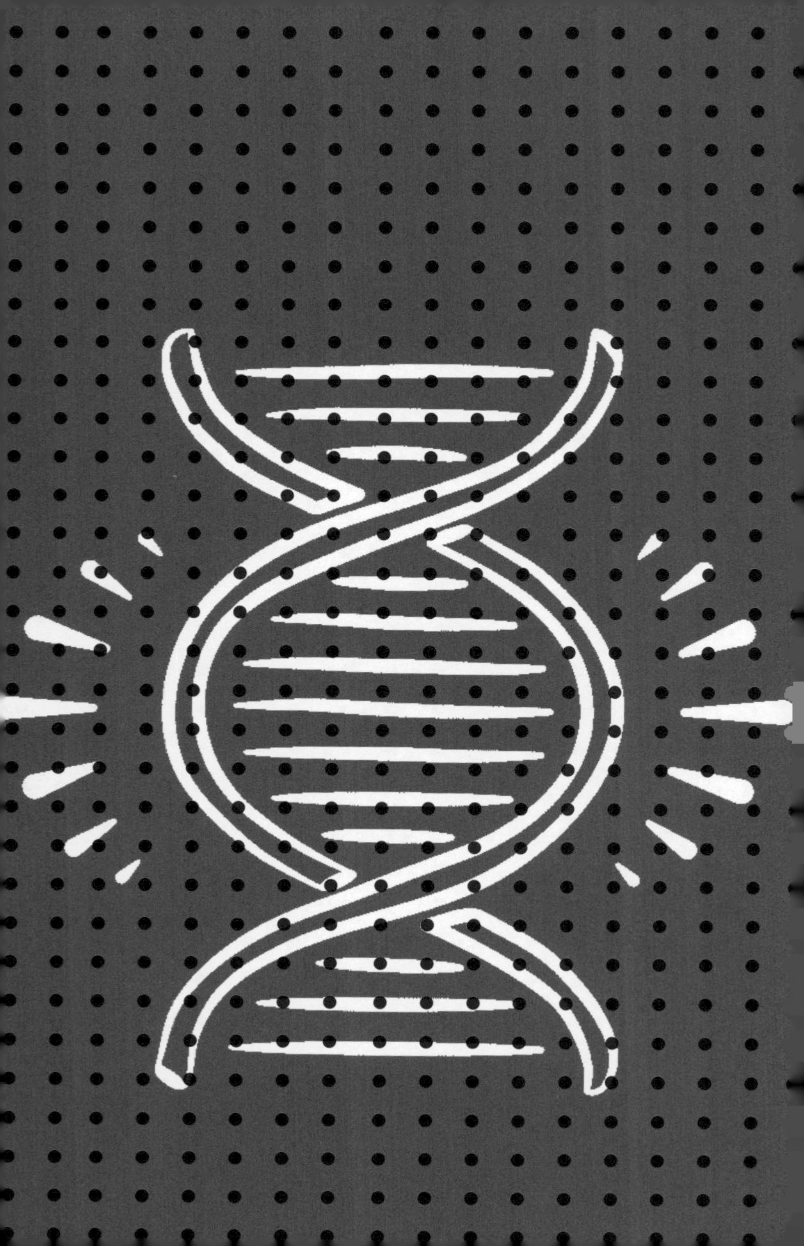

6

BONNE SANTÉ !

« Le plus pauvre n'échangerait pas sa santé pour de l'argent mais le plus riche donnerait tout son argent pour la santé. »

Charles Caleb Colton

Non, le service des urgences de l'hôpital le plus proche n'est pas là pour vous soigner à l'œil en cas de grippe. Non, il n'est pas nécessaire d'être richissime pour se faire suivre par des spécialistes. Non, vous n'avez pas besoin de claquer tout votre salaire chez un psy pour vous sentir mieux en cas de déprime. Mais oui, il existe une médecine gratuite de très bonne qualité à Paris.

Un corps sain...

EXAMENS GRATUITS DE LA SÉCURITÉ SOCIALE

ameli.fr

Faites le bilan

N'attendez pas d'avoir la rate qui se dilate et le gésier anémié pour faire un bilan de santé complet. Tous les cinq ans, la caisse d'assurance maladie vous en propose un gratuit, comportant tout un assortiment de tests : consultation médicale, dépistage des troubles de la vue et de l'ouïe, analyses de sang et d'urine, électrocardiogramme, radiographie des poumons, état bucco-dentaire... Un bilan de deux heures et demie pour dépister d'éventuelles anomalies. Les examens sont personnalisés en fonction de l'âge, du sexe, du mode de vie et des antécédents du patient. Pour bénéficier de ce bilan rien qu'à vous dans l'un des cinq centres parisiens, contactez votre caisse d'assurance maladie qui vous enverra une demande d'inscription.

CITÉ DE LA SANTÉ

Cité des sciences et de l'industrie
Bibliothèque, niveau -1, 30, avenue Corentin-Cariou, 19^{e}
M° Porte-de-La-Villette • Tél. 01 40 05 76 84
Le mardi, le 1er vendredi et les 2e et 3e samedis du mois

cite-sciences.fr/citedelasante

Pour poser toutes les questions sensibles

Enfin, un lieu dédié à la santé qui préfère la moquette et le velours rouge au blanc glacé de l'esthétique clinique. La Cité des sciences et de l'industrie accorde à sa Cité de la santé toute la convivialité qu'elle offre à sa médiathèque. Ici de petits box permettent de s'isoler avec un professionnel de la santé pour se faire réexpliquer en langage clair le diagnostic d'un médecin ou poser en rafale les questions qui taraudent (comment vivre avec une maladie, un handicap, un trouble psychique...). Sur une quinzaine d'ordinateurs connectés à des sites médicaux ou équipés de CD-Rom et de tests QCM, on approfondit ses recherches. Enfin, mieux que la table basse de toute salle d'attente, avec ses trois brochures périmées : une vraie bibliothèque où consulter des centaines d'ouvrages, de dictionnaires, de guides pratiques et de revues. Du mardi au samedi, le service en ligne “Questions-santé” répond gratuitement dans un délai de 72 heures à toute personne qui est préoccupée par une question de santé.

DÉPISTAGE GRATUIT DU CANCER DU SEIN

Tél. 0800 10 50 32 (gratuit à partir d'un poste fixe)

adeca75.org

Montrez vos seins

Derrière un intitulé doux comme un euphémisme ("Rendez-vous Santé +") se profile un examen réservé aux femmes de 50 à 74 ans et destiné à dépister les cancers du sein. Il s'agit d'une mammographie gratuite, examen plutôt rapide et carrément fiable. Réalisé tous les deux ans, il permettrait de réduire de 30 % la mortalité liée au cancer du sein. Alors, comme le conseille la campagne d'information nationale, on montre ses seins. C'est pour la bonne cause et l'angoisse est de courte durée puisque l'on obtient les résultats dans la journée. Une autre campagne permet, pour la même tranche d'âge et pour les hommes aussi bien que les femmes, de dépister le cancer colorectal.

JOURNÉES NATIONALES DU DÉPISTAGE

Hépatite C
Tél. 0800 845 800 (de 8h à 23h, gratuit à partir d'un poste fixe)
hepatites-info-service.org (sur toutes les hépatites)

Cancers de la peau
syndicatdermatos.org

D(iagnostic) Day

Hépatite ? Cancer ? Ces journées offrent l'opportunité de recevoir, après examen, une réponse fiable à vos doutes. Ces examens gratuits et anonymes sont pratiqués sans rendez-vous dans les laboratoires participant à l'opération.

INITIATION AUX PREMIERS SECOURS

Renseignements sur les prochaines IPS gratuites
au 0820 16 17 18 ou sur **croix-rouge.fr**

Apprenez les bons gestes

La Croix-Rouge dispense régulièrement des séances d'IPS d'une durée d'une heure et gratuites. Mais il est tout à fait possible de suivre la caravane d'été qui flâne le long des plages, remonte les côtes et finit toujours par rejoindre Paris où elle s'associe parfois à l'opération Paris Plages. La Croix-Rouge initie gratuitement aux gestes qui sauvent : la ventilation artificielle, le massage cardiaque, la surveillance d'un accidenté... Seuls 7 % de la population les maîtrisent déjà.

PLANNING FAMILIAL

10, rue Vivienne, 2e • M° Bourse
Tél. 01 42 60 93 20 ou 01 47 00 18 66

Écoute Sexualité Contraception : Tél. 0800 803 803 (gratuit)

planning-familial.org

Pour maîtriser sa vie

Au début des années 1960, on se rendait en douce dans les premiers centres de planification familiale, encore illégaux, pour se procurer des diaphragmes, des gels spermicides ou les premières pilules contraceptives *made in USA*. Aujourd'hui, on les fréquente sans complexe pour y trouver des réponses aux épineuses questions de la sexualité, des relations amoureuses, de la grossesse et de l'avortement. Mais l'on y vient toujours un peu en urgence, rassurée par la gratuité des services, la garantie de confidentialité et la chaleur de l'écoute. Les mineures y trouvent un soutien précieux. Il existe aujourd'hui une vingtaine de centres sur Paris : les conseillères informent sur la contraception, orientent vers des médecins spécialisés, pratiquent des tests de grossesse, distribuent des préservatifs (masculins et féminins) ainsi que la pilule du lendemain. Rappelons, en passant, que celle-ci est également disponible, sans ordonnance, en pharmacie ; elle est gratuite pour les mineures et les femmes ne bénéficiant pas de la Sécurité sociale.

SERVICE DES VACCINATIONS DE LA VILLE DE PARIS

Liste des centres disponible auprès du service des vaccinations de la Ville de Paris au 01 45 82 50 00, dans les mairies d'arrondissement et sur **paris.fr**

Faites vous piquer (pour la bonne cause)

Vous avez le vaccin, il ne vous manque que la main délicate susceptible de vous l'administrer ? Inutile de prendre rendez-vous avec votre généraliste ou votre infirmière. Huit centres de vaccination pratiquent gratuitement la petite piqûre réglementaire.

Contre la grippe, si vous avez 65 ans ou plus, votre caisse d'assurance maladie vous enverra un bon de prise en charge du vaccin. Faites-le remplir par votre généraliste, le vaccin vous sera délivré gratuitement en pharmacie. Plus d'infos sur ameli.fr, rubrique Vous êtes assuré > Prévention santé.

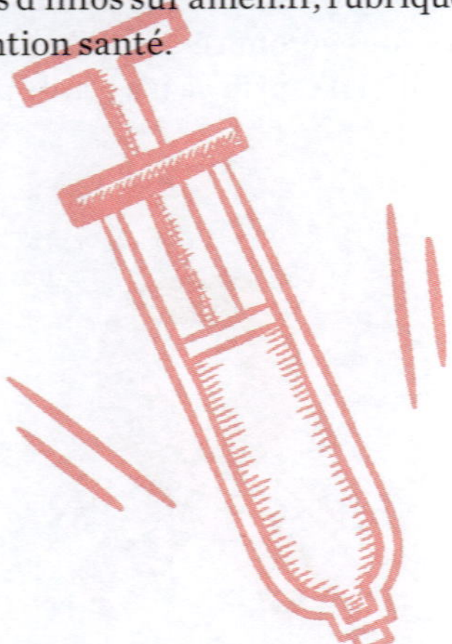

CENTRES DE DÉPISTAGE ANONYME ET GRATUIT

Liste des CDAG de Paris sur **paris.fr** et au 0800 840 800 (informations et conseils 7j/7 et 24h/24, appel gratuit à partir d'un poste fixe)

sida-info-service.org

Les virus ne passeront pas par moi

"Il faudrait me payer pour y aller !" Eh bien non, on ne vous rémunérera pas pour votre courage, mais effectuer un test VIH dans un CDAG permet d'économiser le prix d'un test en laboratoire (près de 25 € quand même). D'ailleurs, les CDAG (onze dans Paris) peuvent aussi dépister les hépatites B et C ou des infections sexuellement transmissibles. Rassurez-vous, ici, vous n'êtes qu'un numéro : avant la prise de sang, vous pourrez confier vos doutes ou vos questions à un médecin et les résultats vous seront remis au bout d'une semaine. Et la tranquillité d'esprit, ça n'a pas de prix.

Des lunettes (ou des plombages) à l'œil

Besoin de soins optiques ou dentaires mais aucun budget ? Prenez via la CPAM un rendez-vous pour un examen périodique de santé (voir p. 152) ; demandez que cet examen soit réalisé au centre de santé Saint-Vincent ou au centre médical IPC. Indiquez que vous ne pouvez prendre en charge vos soins dentaires ou d'optique : un dossier sera ouvert à l'issue de l'examen de santé, soit pour l'optique, soit pour l'odontologie.

Centre de santé Saint-Vincent
8, rue Saint-Quentin, 10e • M° Gare-de-l'Est
Tél. 01 53 44 59 10

Centre médical IPC
6, rue La Pérouse, 16e • M° Kleber
Tél. 01 53 67 35 35 • ipc.asso.fr

Vous pouvez également contacter quatre PASS (Permanence d'accès aux soins) des hôpitaux de Paris qui peuvent vous recevoir. Commencez par rencontrer l'assistante sociale de la PASS de l'établissement hospitalier choisi. En cas d'urgence, vous pouvez vous inscrire directement à la consultation.

Hôpitaux concernés
Pitié-Salpêtrière (13e)
Corentin Celton (92130 Issy-les-Moulineaux)
Henri Mondor (94000 Créteil)
Louis Mourier (92700 Colombes)

... Dans un esprit sain

BUREAU D'AIDE PSYCHOLOGIQUE UNIVERSITAIRE

30, rue Pascal, 5e • M° Les Gobelins • Tél. 01 43 31 31 32
44, rue Henri-Barbusse, 5e • RER Port-Royal • Tél. 01 43 29 65 72
20, rue Larrey, 5e • M° Place-Monge • Tél. 01 43 37 16 16
13, rue de la Grange-Batelière, 9e • M° Richelieu-Drouot
Tél. 01 47 70 70 32
50, rue Ribera, 16e • M° Jasmin • Tél. 01 45 20 14 40
131, rue de Bagnolet, 20e • M° Porte-de-Bagnolet
Tél. 01 40 09 05 09

Exams sans stress

Le BAPU est l'un des bons amis de l'étudiant angoissé ou perturbé. Il assure une aide psychologique ponctuelle ou des consultations psychiatriques en cas de problèmes plus lourds. La prise en charge est assurée par la Sécurité sociale et les mutuelles étudiantes. Sur rendez-vous.

CENTRES MÉDICO-PSYCHOLOGIQUES

Liste des adresses des CMP sur **psycom.org**
Rubrique Où s'adresser ?

Se sentir vraiment mieux dans sa tête

Centres dédiés à la santé mentale, au plus proche du domicile des patients, les CMP apportent une réponse totalement gratuite à la recherche d'un mieux-être psychique. Après un premier rendez-vous avec une infirmière, le patient est orienté vers un psychologue ou un psychiatre pour un nombre de séances déterminé.

FIL SANTÉ JEUNES

Tél. 0 800 235 236 • Service anonyme et gratuit (ou depuis un portable 01 44 93 30 74) tous les jours de 9h à 23h

filsantejeunes.com

Pour ne pas perdre le fil

Mal-être, drogues et addictions, handicap, sexualité, contraception, “mon corps” : autant de sujets abordés par ce site très bien fait destiné aux jeunes. Ceux-ci peuvent poser leurs questions, même les plus intimes, en direct par téléphone (et en soirée jusqu'à 23h) ou *via* le chat ; mais aussi participer à des forums, lire des témoignages d'autres jeunes ou s'abonner à la newsletter. Un numéro et une adresse web à mettre entre toutes les mains !

SERVICE SOCIAL DU CROUS

Résidence universitaire Ménilmontant 2
109-111, rue de Ménilmontant, 20e • M° Ménilmontant
Permanence le mardi et le mercredi de 16h à 20h
Prendre rendez-vous auprès du secrétariat d'APASO-Paris
au 01 40 47 55 47 ou par mail : etudiants@apaso.fr

Une écoute libératrice

Le CROUS de Paris offre une permanence d'écoute aux étudiants parisiens dans le besoin, quel que soit l'établissement d'études supérieures qu'ils fréquentent. Cette permanence de deux fois 4 heures est assurée par un psychologue clinicien d'APASO (Association pour la prévention, l'accueil, le soutien et l'orientation). Les consultations sont confidentielles et gratuites, l'objectif étant d'accueillir et d'accompagner les étudiants demandeurs vers une démarche de soins.

LA PORTE OUVERTE

Renseignements sur laporteouverte-paris.fr

Siège de l'association, 21, rue Duperré, 9e • M° Pigalle
Permanences au 4 bis, rue des Prêtres-Saint-Séverin, 5e
M° Saint-Michel ou Cluny-La Sorbonne • Tél. 01 43 29 66 02
Du lundi au vendredi de 12h à 21h, et samedi, dimanche et jours fériés de 14h à 21h

Dans le **métro Strasbourg-Saint-Denis**, sortie boulevard de Sébastopol, côté numéros impairs, 10e • Tél. 01 44 76 01 86
Du lundi au vendredi de 14h30 à 18h

Maison des usagers du centre hospitalier Sainte-Anne
1, rue Cabanis, 14e • M° Glacière • Les 2e et 4e mardis du mois de 12h30 à 15h30 et les 1er et 3e mercredis du mois de 11h à 14h

Cité de la santé, bibliothèque de la Cité des sciences et de l'industrie : 30, avenue Corentin-Cariou, 19e • M° Porte-de-La-Villette
Les 2e et 4e vendredis du mois de 14h à 18h

Quelqu'un à qui parler

Avant de se lancer dans une psychanalyse de dix-huit ans, qui reviendrait aussi cher que l'achat d'un cinq-pièces avenue Victor-Hugo, on peut tenter une autre solution en cas de malaise existentiel : la confidence intime et anonyme auprès d'un bénévole de La Porte ouverte. Comme les conseils des amis, cette écoute est gratuite, mais, contrairement aux amis (même les meilleurs), les permanents sont toujours disponibles. L'entretien se fait en face-à-face, ce qui peut être plus réconfortant qu'un coup de fil à SOS Amitié, et ces rencontres, tout en confiance et sans jugement, aident le visiteur à trouver des outils pour surmonter ses problèmes. Sans rendez-vous.

ALCOOLIQUES ANONYMES

29, rue Campo-Formio, 13e • M° Campo-Formio • Tél. 09 69 39 40 20

alcooliques-anonymes.fr

Alcool, non merci !

Cette association célèbre dans le monde entier a pour but d'aider les alcooliques grâce aux témoignages d'anciens buveurs et à un programme de sevrage en plusieurs étapes hyper efficace. Tout aussi gratuit que parfaitement anonyme.

Les mutuelles étudiantes : consulter sans avancer les frais

Pour bénéficier des soins du centre de santé Smrep, il n'y a pas d'avance de frais à faire ; le ticket modérateur est pris en charge.

Centre de santé de la Smerep
54, boulevard Saint-Michel, 6e • RER Luxembourg
Du lundi au vendredi de 9h à 17h50 (17h20 le vendredi)
smerep.fr

La Mutuelle des étudiants (LMDE) a signé des conventions à Paris avec de nombreux centres de santé. Là encore n'y a pas d'avance de frais à faire et le ticket modérateur est pris en charge.

LMDE • lmde.com

Les plus jeunes aussi

CENTRES MÉDICO-PSYCHO-PÉDAGOGIQUES

Association nationale des CMPP
5, rue des Beaux-Arts, 6e • M° Saint-Germain-des-Prés
Tél. 01 46 33 10 60

fdcmpp.fr

Une solution pour les enfants

Lieux d'accueil, d'écoute et de soins, les CMPP reçoivent les familles perturbées par le comportement d'un enfant ou d'un ado (de 0 à 20 ans) : troubles psychomoteurs ou psychologiques, difficultés relationnelles en classe ou avec les parents... Après diagnostic, l'équipe apporte le soutien adapté par une psychothérapie, une psychopédagogie ou une rééducation. Toutes les consultations sont intégralement prises en charge.

M'T DENTS

Plus d'informations sur ameli-sante.fr

"T'as de belles dents, tu sais !"

La campagne de prévention M'T Dents permet à tout enfant de 6 à 18 ans, tous les trois ans, de bénéficier d'un examen de prévention et des soins nécessaires remboursés à 100 % par l'assurance maladie. Un mois avant la date anniversaire de l'enfant, les parents reçoivent un courrier les invitant à prendre rendez-vous avec leur dentiste de famille.

CAFÉ DE L'ÉCOLE DES PARENTS

162, boulevard Voltaire, 11e • M° Charonne • Tél. 01 44 93 44 84
Le mardi de 14h à 22h, le mercredi de 14h à 19h,
le jeudi de 10h à 13h et de 14h à 19h, le vendredi de 14h à 19h,
le samedi de 10h à 13h et de 14h à 19h

epe-idf.com

Éduquer, cela s'apprend

Ce café où boire un "petit noir" n'est qu'un chaleureux prétexte pour partager ses expériences, déboires et questionnements de parents. On peut ici suivre des débats sur l'éducation des enfants et les sujets qui fâchent : Autorité, limites et violences, La double résidence de l'enfant... et même des vidéoconférences sur La place du père ou Les secrets de famille. Lors des permanences juridiques, des avocats spécialisés apportent des réponses sur les conséquences d'un divorce ou l'autorité parentale. Permanences scolaires psychologiques, médiation familiale, rencontres avec des représentants de la CAF ou avec une sage-femme... La plupart des services sont gratuits, mis à part quelques ateliers et cycles de conférences.

PROTECTION MATERNELLE ET INFANTILE

62 centres répartis dans tout Paris
Renseignez-vous auprès de votre mairie d'arrondissement, sur **paris.fr** ou au 3975

Pour les mamans et leurs petits jusqu'à 6 ans

La PMI, c'est l'assurance d'un suivi gratuit de l'enfant de 0 à 6 ans avec des visites médicales préventives, la possibilité de faire peser et mesurer le nouveau-né toutes les semaines et le champ libre pour poser aux puéricultrices de permanence toutes les questions qui vous angoissent. De séance en séance, l'enfant est suivi par le même pédiatre. Bien sûr, la PMI ne règle pas les situations d'urgence, mais, grâce à elle, vous faites l'impasse sur l'achat d'un pèse-bébé et vous évitez la visite de routine chez l'onéreux pédiatre de votre quartier. Même les vaccins administrés sont gratuits.

SOS FAMILLE EN PÉRIL

9, cour des Petites-Écuries, 10e • M° Château-d'Eau
Tél. 01 42 46 66 77

associationolgaspitzer.fr

Pour éviter le naufrage

Avant que le paquebot familial ne coule dans une mer de discordes, les parents en conflit avec leurs enfants, et vice versa, peuvent rencontrer les psychologues de SOS Famille en péril. Ces consultations sont anonymes et gratuites.

7

SE FORMER, ENTREPRENDRE, POSTULER

**« Il faut toujours viser la Lune,
car en même en cas d'échec, on atterrit
dans les étoiles. »**

Oscar Wilde

CITÉ DES MÉTIERS

Cité des sciences et de l'industrie
30, avenue Corentin-Cariou, 19e • M° Porte-de-La-Villette
Tél. 01 40 05 80 00
Du mardi au vendredi de 10h à 18h, le samedi de 12h à 18h

cite-sciences.fr

Trouver sa formation et le bon métier

Ouverte à toute personne désireuse de trouver un emploi ou une formation, de créer une entreprise ou de choisir une orientation professionnelle, la Cité des métiers met à disposition une batterie de conseillers délégués entre autres par le Pôle emploi, le Centre info et la Boutique de gestion de Paris. Ces conseillers proposent des entretiens personnalisés et gratuits, sans rendez-vous. Grâce aux consoles multimédias, on navigue en toute liberté sur des sites d'offres d'emploi. Chaque mois, la Cité des métiers offre des ateliers, des séances de recrutement ou des clubs qui font le point sur une thématique liée à l'emploi, notamment Préparer un entretien d'embauche, Réaliser votre CV en vidéo, Votre recherche d'emploi sur Internet, ou encore Identifier les démarches à effectuer pour créer son entreprise. Entrée libre, mais inscription obligatoire.

MAISONS DU DÉVELOPPEMENT ÉCONOMIQUE ET DE L'EMPLOI

209, rue La Fayette, 10e • M° Louis-Blanc • Tél. 01 44 52 17 60
14-18, rue Auguste-Perret, 13e • M° Tolbiac • Tél. 01 53 62 03 06
13, rue Rémy-Dumoncel, 14e • M° Mouton-Duvernet
Tél. 01 56 54 29 60
164, rue Ordener, 18e • M° Jules-Joffrin ou Guy-Môquet
Tél. 01 55 79 13 75
27, rue du Maroc, 19e • M° Stalingrad ou Riquet • Tél. 01 53 35 88 90
31, rue Pixérécourt, 20e • M° Jourdain • Tél. 01 58 53 53 70

Les MDEE sont généralement ouvertes du lundi au jeudi de 9h30 à 17h30 et le vendredi de 13h30 à 17h30

Pour en savoir plus: paris-emplois.paris.fr

Pour se former, trouver un job ou créer sa boîte

Ce sont les demandeurs d'emploi et les créateurs d'entreprise qui poussent la porte de ces maisons. Conseils sur le droit du travail, les aides à l'emploi, la formation professionnelle... Accompagnement personnalisé, entretiens individuels, animations collectives et séances de formation. Le tout est entièrement gratuit.

FONGECIF ET ADIE

Place Johann-Strauss, 10e • M° République • Tél. 01 44 10 58 58
fongecif.com

139, boulevard de Sébastopol, 2e • M° Strasbourg-Saint-Denis
Tél. 09 69 328 110 • **adie.org**

Pour évoluer ou se reconvertir

Comment évoluer au cours de sa vie professionnelle ou se reconvertir, sans investir une fortune ? En prenant un congé individuel de formation (CIF) qui permet à toute personne de suivre des formations qualifiantes, de préparer et de passer des examens. Le CIF est à l'initiative du salarié qui trouvera auprès du Fongecif de sa région des informations et un accompagnement, ainsi que le financement de son projet professionnel. Votre budget création d'entreprise est proche de zéro euro ? Tournez-vous vers l'Adie, cette structure aide les micro-entrepreneurs qui n'ont pas accès au crédit bancaire (et notamment les chômeurs et allocataires des minima sociaux) à créer et développer leur entreprise, grâce à un micro-crédit jusqu'à 10 000 €.

PIVOD

Permanences dans les mairies
du 8e, 10e, 11e, 13e, 15e, 16e, 17e, 18e et 20e
Renseignements et rendez-vous au 01 56 68 07 00

pivod75.org

Conseils de pros

Des conseils en création d'entreprise délivrés par d'anciens DRH, cadres spécialisés ou responsables de sociétés. Ces permanences sont organisées par PIVOD, association qui aide à la création d'entreprises.

• Et aussi

Réseau Entente des générations pour l'emploi et l'entreprise

14, villa de Lourcine, 14e • M° Glacière • Tél. 01 47 05 57 71

egee.asso.fr

Des retraités bénévoles mettent leur expérience et leurs compétences au service des entreprises qui se créent.

CHAMBRE DE COMMERCE ET D'INDUSTRIE DE PARIS

Tél. 0820 012 112 (0,12 €/minute)
Du lundi au vendredi de 8h30 à 18h30

entreprises.cci-paris-idf.fr

Mon projet en action

Un réseau de conseillers spécialisés est là pour vous aider à élaborer un business plan, et vous donner des pistes de formations appropriées à votre projet d'entreprise.

CARREFOUR DES ASSOCIATIONS PARISIENNES

Ancienne gare de Reuilly, 181, avenue Daumesnil, 12e
M° Daumesnil • Tél. 01 55 78 29 30
Du lundi au jeudi de 10h à 13h et de 14h à 18h,
le vendredi de 14h à 17h

cap.poledoc.fr

Un pour tous et tous pour un : monter son assoc'

Monter une association en bonne et due forme est une affaire sérieuse. Si sérieuse que cet espace de documentation et d'information sur le monde associatif prend les jeunes fondateurs par la main et leur propose des formations gratuites en petits groupes sur des thèmes comme la gestion financière et comptable, la connaissance des partenaires institutionnels ou la communication.

PÔLE EMPLOI

Renseignements au 3949 ou sur pole-emploi.fr

Guichet unique pour se former et retrouver un job

Même s'il est un peu débordé en temps de crise et qu'il n'est pas toujours facile d'obtenir un interlocuteur, le Pôle emploi propose toujours des conseils à tous les demandeurs d'emploi. Pour tous, le projet personnalisé d'accès à l'emploi (bilan de compétence, analyse du marché de l'emploi) et des ateliers pratiques (comment se présenter à un entretien d'embauche, répondre à une petite annonce). Pour les cadres et tous ceux qui souhaitent créer leur entreprise (de la boulangerie à l'agence de conception de sites web), des conseillers vous proposeront différentes sessions en tête-à-tête ou en petits groupes pour vous donner une première approche de la création d'entreprise avec des suggestions, des exemples... et déterminer avec vous les compétences à réunir, les contraintes existantes, les démarches à suivre pour mener à bien votre projet et, au final, assurer sa viabilité. Les ateliers sont menés dans la plupart des agences Pôle emploi.

Et pour les cadres (y compris ceux qui sont en poste) : https://apec.fr.

CARREFOUR NUMÉRIQUE 2

Cité des sciences et de l'industrie
30, avenue Corentin-Cariou, 19e • M° Porte-de-La-Villette
Tél. 01 40 05 80 00
Du mardi au samedi de 12h à 18h45, le dimanche selon événements
Accès libre sur réservation dans la limite des places disponibles

Programme des ateliers: cite-sciences.fr

Se former en informatique

Sur les 1 000 m^2 du Carrefour numérique partagés en deux laboratoires – le Fab Lab (voir ci-dessous) et le Living Lab (laboratoire de la médiation numérique) – les 15-25 ans peuvent aborder différemment les sciences et techniques. Des ateliers variés (Initiation au dessin vectoriel...) leur sont ouverts sur réservation.

FAB LAB

Du mardi au jeudi de 17h à 18h30
et le vendredi et samedi de 14h à 18h30
À partir de 15 ans (ou moins si accompagnée d'un adulte)

Accès gratuit à toutes les machines sauf la découpeuse laser et l'imprimante vinyle, réservées aux détenteurs du Pass Freemium

Liste du matériel: cite-sciences.fr

Fabuleux Fab Lab

Le Fab Lab est un atelier partagé, orienté vers la fabrication numérique. Dans ce lieu, vous faites partie d'une communauté d'échanges, vous donnez forme à vos projets créatifs, en autonomie ou avec les autres. Ici priment la mise en commun des connaissances, l'entraide et la convivialité dans un décor fait de machines à commande numérique telles que : imprimante 3D ou vinyle, fraiseuse, découpeuse laser, presse thermique, scie circulaire et bien plus encore...

ESPACES PUBLICS NUMÉRIQUES

Fédération des centres sociaux de Paris
23, rue Mathis, 19e • M° Crimée • Tél. 01 44 64 74 69

paris.centres-sociaux.fr

L'informatique sociale

Un certain nombre de centres sociaux parisiens disposent d'un espace public numérique, c'est-à-dire d'un lieu de sensibilisation et de formation à l'informatique et à Internet. Leur accès et les activités proposées sont gratuits dans la majorité des cas, mais une participation annuelle symbolique peut vous être demandée. Toutes les générations s'y pressent, pour s'initier à la bureautique, apprendre à installer un ordinateur, à surfer sur Internet... L'animation est assurée par des bénévoles, mais il n'est pas rare que les plus jeunes dépannent les aînés et que les plus chenus les remercient en assurant ensuite un peu de soutien scolaire. Des postes sont aussi en usage libre, ce qui permet d'accomplir quelques démarches administratives en ligne ou de rédiger son CV.

Et pour ceux qui sont en situation de handicap :
Access-Site : 13, place de Rungis, 13e • RER Cité-Universitaire • Tél. 01 53 80 92 50 • access-site.fr

8

RENDS-MOI SERVICE

« Rendre service aux autres, c'est se rendre service à soi-même. »

Proverbe chinois

L'ACCORDERIE

6, rue Maurice-Bouchor, 14e • M° Porte-de-Vanves
Le Petit Ney, 10, avenue de la Porte-de-Montmartre, 18e
M° Porte-de-Clignancourt
23 bis, rue Mathis, 19e • M° Crimée
126, boulevard de Belleville, 20e • M° Belleville

Réunions d'inscription le soir, voir les dates sur le site
accorderie.fr

Échanges gratuits

Infichu de planter un clou, Michel désespère de monter ses étagères. Et ne voit pas du tout comment sa maîtrise quasi bilingue de l'anglais pourrait le sortir d'affaire. La solution : l'Accorderie. Ce système d'échanges gratuits entre particuliers, inspiré du troc et venu directement du Québec, s'est mis en place il y a quelques années, de façon très structurée, dans le 19e arrondissement. Grâce à ce concept, Michel rencontrera Adel, bon bricoleur et résident du quartier, qui lui montera sa bibliothèque façon puzzle. À charge ensuite pour Michel de dispenser un cours d'anglais à un lycéen récalcitrant. L'Accorderie fonctionne comme une banque de temps et de compétences où chaque accordeur échange ses heures de crédit sous forme de coups de main. Aucun échange de biens. Les compétences les plus diverses sont impeccablement répertoriées et chacun y trouve son compte : aide aux devoirs, cuisine, conception de site web, accompagnement dans une pratique sportive, correction de textes, dépannage d'ordinateurs, garde d'animaux...

LA BOUTIQUE SANS ARGENT

181, avenue Daumesnil, 12e • M° Daumesnil
Du lundi au samedi de 10h à 13h et de 14h à 18h

laboutiquesansargent.org

Je donne, tu prends, on échange...

Dans l'ancienne de gare de la Petite Ceinture de Reuilly se niche depuis juin 2015 une boutique d'un genre nouveau : un magasin où l'on vient sans portefeuille pour acquérir des objets donnés par des propriétaires qui n'en avaient plus l'utilité. Ainsi, vêtements, vaisselle, petit électroménager, jeux, jouets, accessoires, déco ou livres (tous en bon état) sont en libre service dans ce lieu chaleureux où l'on servira également un thé ou un café... à prix tout aussi libre ! Dans ce concept venu d'Allemagne, n'y a pas de troc : vous pouvez donner quelque chose sans nécessairement emmener une autre chose, vous pouvez prendre ce dont vous avez besoin sans avoir apporté quelque chose. Le bonheur en somme !

SYSTÈME D'ÉCHANGE LOCAL

SEL de Paris
Maison des associations, 1-3, rue Frédérick-Lemaître, 20e
M° Jourdain • Tél. 01 40 24 18 13 • **seldeparis.org**

SEL de Paname
Maison des associations, 22, rue de la Saïda, 15e • M° Charles-Michels • Tél. 06 98 90 59 18 • **seldepaname.org**

Pimentez votre vie

Certains cours ou services occasionnent des notes salées. Pas avec le SEL qui centralise les offres et les demandes de toute personne qui voudrait échanger des biens ou des services avec autrui (des cours d'informatique, une aide en couture ou en bricolage, une initiation aux soins des plantes vertes ou encore un objet). Plus que de troc, il s'agit de réciprocité. Et si quelques euros vous sont demandés au moment de l'adhésion, une fois inscrit, vous n'entendrez plus jamais parler d'argent, mais de piafs, de panames, de pigalles... monnaies virtuelles qui désignent la valeur de l'offre. Attention cependant aux petits malins qui détournent le système pour se faire servir sans rien donner en échange.

S'entraider intelligemment : les sites d'échanges de service

Nul en plomberie mais pro du baby-sitting ? Envie d'apprendre la guitare mais pas les moyens financiers pour le faire ? Pourquoi ne pas vous inscrire sur les nombreux sites d'échanges de services ? Certains comme Le bon échange tablent sur "un donné pour un rendu" de particulier à particulier, quand d'autres proposent un crédit d'heures. Autrement dit, la personne qui vous rendra un service ne sera pas nécessairement celle à qui vous rendrez service (c'est le cas de Yakasaider).

lebonechange.com
yakasaider.fr
trocdetemps.com
echange-service.com

LE PETIT NEY

10, avenue de la Porte-de-Montmartre, 18e • M° Porte-de-Clignancourt • Tél. 01 42 62 00 00
Ateliers d'écriture de slam et scène ouverte certains samedis de 17h à 19h et de 20h à 23h

Adhésion nécessaire (18 € par an), puis 1 € par atelier

lepetitney.free.fr

Partager, échanger, donner

Dans cet espace associatif et culturel du 18e arrondissement (voir aussi p. 180), annoncé dès le trottoir par une fresque abstraite, la notion d'échange et de partage sublime celle de gratuité. Comme pour cet atelier de cuisine mensuel où chaque participante peut être amenée à devenir animatrice d'un jour : elle vient avec sa recette et délivre aux copines du quartier les astuces qui en font un plat généreux. Les poètes dans l'âme suivent les ateliers d'écriture de slam avant de dévoiler leur jeune production lors d'une grande scène ouverte. On nous rappelle très gentiment qu'il n'est pas interdit non plus de goûter, pour le plaisir, aux séances d'essai gratuites de quelques ateliers... payants (1 €), comme les cours de stylisme ou les lectures pour bébé.

Donner… et recevoir

Les poubelles, les encombrants et les déchetteries, c'est bien joli, mais il existe une autre façon de se débarrasser des objets qui ne nous sont plus utiles: les donner. Quelques sites Internet se sont montés autour de cette idée et mettent en relation "donneurs" et "receveurs". Vous cherchez de quoi meubler la chambre d'étudiant de votre fils ou vous êtes fan de déco chinée mais vous n'avez plus les moyens de faire les brocantes toutes les semaines ? Inscrivez-vous sur ces sites gratuits et créez des alertes en fonction de votre lieu d'habitation et de vos besoins.

jedonnetout.com
recupe.fr
recupe.net

ASSOCIATION DE LA FONDATION ÉTUDIANTE POUR LA VILLE

26 bis, rue du Château-Landon, 10e • M° Louis-Blanc
Tél. 01 40 36 01 01

afev.org

Étudiants à la rescousse

Jeune et dynamique, cette association a pour mission de recruter des étudiants bénévoles disponibles une ou deux heures par semaine pour encadrer des jeunes rencontrant des difficultés scolaires. Elle est soutenue financièrement par la Ville de Paris et le ministère de l'Éducation nationale. L'idée de base se fonde sur le principe que le faible écart d'âge qui sépare les jeunes tuteurs de leurs élèves est bénéfique et favorise une identification positive des derniers avec les premiers. Les étudiants assurent des cours tout niveau dans l'établissement scolaire de l'élève ou à son domicile. C'est le personnel éducatif qui contacte l'association. L'AFEV est également sollicitée par pas mal d'associations de quartier en mal de bénévoles. Son action s'étend à la banlieue parisienne. Bénéficiant d'un emploi du temps assez souple et formés à l'accompagnement à la scolarité par l'association, ces étudiants sont des bénévoles appréciés.

INDEX ALPHABÉTIQUE

Toute la collection
Paris est à nous !
sur
parigramme.com

Certifié PEFC

Ce produit est issu de forêts gérées durablement et de sources contrôlées.

PEFC 10-31-1470

pefc-france.org

Édition : Sandrine Gulbenkian et Mathilde Kressmann
Avec la collaboration de Manuella Guillot
Relecture-correction : Lucie Fontaine
Direction artistique et couverture : Isabelle Chemin

ISBN : 978-2-84096-966-2
Dépôt légal : octobre 2015
Achevé d'imprimer en France en octobre 2015
N° d'impression : 12533151001